聚光灯下话三农

农业农村部新闻发布会实录

2020

农业农村部新闻办公室　编

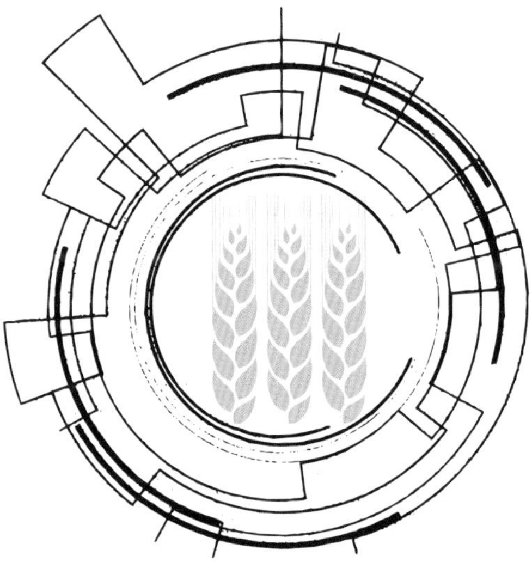

中国农业出版社

北　京

党的十九大以来，农业农村部不断加大新闻发布工作力度，部领导带头出席，各司局积极参与，通过各类发布活动，全面解读农业农村政策，及时回应舆论热点，新闻发布工作取得了良好的宣传效果。

本书收录了2020年度农业农村部参加全国两会部长通道、国务院新闻办公室新闻发布会及政策例行吹风会、国务院联防联控机制新闻发布会，以及农业农村部新闻办公室新闻发布会共17场发布会的现场实录。

编委会

CONTENTS

目录

第四部分　农业农村部新闻办公室新闻发布会

第一部分

全国两会

1. 部长通道采访

一、基本情况

部长通道采访

时　间	2020年5月22日（星期五）上午	
地　点	人民大会堂新闻发布厅	
主　题	粮食安全　生猪生产　产业扶贫	
发布人	农业农村部部长	韩长赋
主持人	全国人民代表大会监察和司法委员会	朱恒顺

二、现场实录

2020年5月22日上午，第十三届全国人民代表大会第三次会议在人民大会堂举行开幕会。会议结束后，举行首场“部长通道”采访活动。农业农村部部长韩长赋通过网络视频方式接受采访。

朱恒顺：

大家好。根据会议安排，今天的全体会议之后，我们依然安排“部长通道”。今天大会新闻中心邀请了3位部长在这里接受大家的采访。由于疫情防控，今年的“部长通道”形式略有变化：一是采访地点由北大厅调整到新闻发布厅；二是采访形式为视频。

下面我们有请农业农村部部长韩长赋同志接受大家的采访，请大家提问。

中国日报社记者：

我们注意到，新冠肺炎疫情在全球蔓延以来，国际粮食市场出现较大的波动，粮食安全再次成为社会关注的话题。请问今年我们的粮食生产形势怎么样？我们的粮食安全有没有保障？谢谢。

韩长赋：

谢谢你的提问。粮食一直是大家关心的问题，特别是2020年全球新冠肺炎疫情蔓延，一些国家增加粮食储备，一些国家限制粮食出口，所以有人担心，我们国家会不会发生粮食危机。对这个问题，我可以肯定地说，中国不会发生粮食危机。在这里，我想用4句话给大家吃一个“定心丸”：粮食连年丰收，库存比较充裕，口粮绝对安全，饭碗端在手里。

我们国家已经连续十几年粮食丰收，2019年产量是13 277亿斤*，而且连续5年保持在1.3万亿斤以上，这说明我们已经有这个生产能力。现在全国人均粮食占有量已经远远高于联合国粮农组织（全称联合国粮食及农业组

---

* 斤为非法定计量单位，1斤=0.5千克。——编者注

织）发布的粮食安全标准线。两大口粮，也就是稻谷和小麦，自给率达到100%，现在库存超过1年的产量，可以供全国人民吃1年。所以我们对粮食安全完全有信心和底气！大家不必听那些无根无据的炒作。

当然，对于粮食生产，任何时候都不能放松，尤其是在全球疫情蔓延、经济下行压力增大的背景下。习近平总书记讲，越是面对风险挑战，越要稳住农业，越要确保粮食和重要副食品安全。2020年中央应对新冠肺炎疫情的影响，采取了一系列超常规的措施来稳定粮食生产。比如印发了春耕生产指南，下达了粮食生产任务，出台了一系列政策措施。我们做到了防范疫情和春耕生产两不误。从目前生产调度情况看，农业生产的形势总体还是很好的，春播已经完成了九成，面积是稳定并有所增加的，预计在9.1亿亩*以上，而且基本种在了丰产期。早稻2020年增加了470万亩，总量达到7 100万亩，实现了恢复性增长。特别是夏粮小麦2020年长势好于常年，无论是亩穗数、穗粒数和可以预期的千粒重，总体是不错的，可以说丰收在望，两会以后就可以开镰收割。

下一步，我们按照政府工作报告的部署，还要一环不松、一招不落地抓好2020年的粮食生产，特别是要抓好这么几个环节：一是要加强防灾减灾，

---

* 亩为非法定计量单位，1亩≈666.7平方米。——编者注

要防止草地贪夜蛾等重大病虫害和气象灾害；二是抓好政策落实，包括提高稻谷的最低收购价，并且及时收购，保护农民的种粮积极性；三是要把“藏粮于地、藏粮于技”落到实处，2020年要完成8 000万亩的高标准农田建设。总之，2020年粮食生产不会放松，要全力确保粮食产量稳定在1.3万亿斤，实现小康之年粮食丰收。谢谢。

中国新闻社记者：

韩部长好，我们注意到最近猪肉的价格有所下降，这是不是意味着生猪的生产供应形势出现了好转？您能否介绍一下这方面的情况？谢谢。

韩长赋：

谢谢你的提问。猪肉价格最近确实下降了，批发市场已经连续13周小幅下降，比最高的时候下降了23%，每公斤*大体降了12块钱，这个大家都有直观的感觉。

关于你讲的生猪生产供应情况，我想讲两句话。

第一句话，当前生猪生产恢复势头不错，实现2020年的生猪生产目标可以预期。党中央、国务院高度重视生猪稳产保供，出台了一系列政策措施，地方政府也采取了很多措施，拿出了一些真金白银，政府层面在鼓励推动生猪生产。同时，在市场方面，由于行情比较好，市场主体积极性也很高，养猪投资在增加，新建猪场多，补栏增养快，势头还是很好的。我们在逐月调度生猪生产情况，从2019年10月份开始，能繁母猪存栏止降回升，已经连续7个月恢复增长，到上个月，比2019年9月份增长了18.7%；生猪存栏也连续3个月增长。能繁母猪存栏和生猪存栏，这是生猪生产的核心指标，从这两个指标看，势头还是不错的。按照这个势头走下去，实现2020年生猪生产恢复目标，也就是恢复到基本接近常年水平还是很有希望的。我们判断，随着生猪生产恢复，供求关系也会逐步改善，后市猪肉价格不会再大幅度上涨。

第二句话，生猪生产完全恢复需要一个过程，各方面工作不会放松。我们调度监测，现在还有一些地方扶持生猪生产的政策落实得不到位，也有个

* 公斤为非法定计量单位，1公斤=1千克。——编者注

别省份生猪生产恢复还有波动，有的波幅还挺大，所以还要加强各项措施。总的考虑有这样几点：一是抓责任落实。我们已经下达了各地生猪生产恢复的目标任务，下一步要会同有关部门进行督查，压实地方责任。养猪吃肉是大家的事，各个地方都应该做这项工作。二是抓政策扶持。中央出台了19条扶持生猪生产的政策，包括养猪用地政策、金融信贷政策、纠正不合理禁限养政策等，要把这些政策落实好，调动企业和农民的积极性。三是“抓大带小”。我国的国情，规模场饲养的生猪占53%，中小户饲养的占47%，所以“抓大”还不能“放小”。要发展龙头企业，通过龙头企业带动中小农户补栏增养，同时提高防疫水平。四是抓非洲猪瘟防控。非洲猪瘟病毒已经在我国定殖，是生猪生产的一个严重威胁。要继续严防严控，建立常态化的防控机制，在生猪饲养、调运、屠宰这些环节，全链条地防控、监督，绝不能让非洲猪瘟疫情反弹。同时，我们也在加快疫苗的攻关和研制。最近，我们和公安部、交通运输部在开展“百日专项打击行动”，就是严厉打击违法违规调运生猪，坚决防止非洲猪瘟疫情在生猪运输环节中传播扩散。总之，我们相信，这些措施落实到位，坚持下去，生猪生产供应形势一定会明显好转。另外，当前牛、羊和家禽生产形势也很好，通过努力，一定会确保小康之年老百姓的碗里不缺肉。谢谢。

中央广播电视总台央视记者：

今年是脱贫攻坚的决战决胜之年，产业扶贫又是稳定脱贫的一个很重要的支撑。但是我们知道，培育产业不是一朝一夕的事，所以我想问的是，如何确保我们的扶贫产业能够稳定持久地发展？谢谢您。

韩长赋：

谢谢你的提问。大家都知道，习近平总书记2015年就提出脱贫攻坚“五个一批”，其中第一条就是发展产业脱贫一批。这几年，由于中央重视，各个部门、各个地方共同努力，贫困地区发展了一大批扶贫产业，可以说，产业扶贫已经成为覆盖面最广、带动贫困人口最多的举措。据统计，全国832个贫困县基本上县县都有主导产业，有条件的贫困村都建立了特色产业基地，现在全国有10万多个这样的产业基地。在脱贫人口当中，大概2/3是通过外出打工和发展产业来增加收入实现脱贫的。

当然，你提的问题我们也是非常关注的。我们也注意到，现在贫困地区的产业整体水平还不高，特别是产销衔接还不那么顺畅，脱贫带贫的基础还不是很牢固。2020年是脱贫攻坚决战决胜之年，产业扶贫要继续做贡献，而且脱贫之后，贫困地区产业发展也不能中断。

从工作来讲，大体是以下几点。

第一，提质量。要发挥产业技术专家组的作用，全国有4 100多个这样的专家组，帮助贫困地区完善产业发展规划，发挥现代农业产业园作用，带动农业全产业链发展，形成“一村一品”“一县一业”，使整个产业发展水平真正提高起来。

第二，抓产销。现在的情况是，没有种不出来的东西，只有卖不掉的东西。要让贫困地区的农产品真正出村进城，不仅卖得出去，还要卖个好价钱，这是我们下一步要解决好的。要进一步把产业链真正拉长，把批发市场、电商平台、龙头企业等和贫困地区连接起来。也要抓消费扶贫，我呼吁社会各方面多买一点贫困地区农产品，以爱心消费带脱贫。

第三，促衔接。要把扶贫产业发展同乡村产业振兴衔接起来，使扶贫产业能够久久为功地抓下去。

第四，带农户。发展扶贫产业，说到底是带动农民脱贫致富，要发挥龙头企业、合作社的作用，把这些主体和农户连接起来，使农户能够进入产业链。通过产业发展，带动贫困农户增加收入，不仅当前增收，而且可以长期增收；不仅能脱贫，而且可以致富。谢谢。

朱恒顺：

感谢韩部长。由于时间关系，今天的“部长通道”采访到此结束。感谢各位媒体朋友，也感谢各位提供保障的同志。在25日全体会议之后，我们依然安排“部长通道”采访，请大家继续关注。谢谢。

第二部分

国务院新闻办公室新闻发布会及政策例行吹风会

2. 《关于调整完善土地出让收入使用范围优先支持乡村振兴的意见》新闻发布会

一、基本情况

《关于调整完善土地出让收入使用范围优先支持乡村振兴的意见》新闻发布会

时　间	2020年9月24日（星期四）上午10时	
地　点	国务院新闻办公室新闻发布厅	
主　题	解读《关于调整完善土地出让收入使用范围优先支持乡村振兴的意见》	
发布人	中央农村工作领导小组办公室副主任、农业农村部副部长	韩　俊
	农业农村部党组成员兼中央农办秘书局局长	吴宏耀
主持人	国务院新闻办公室新闻局局长、新闻发言人	胡凯红

二、现场实录

胡凯红：

女士们、先生们，大家上午好！欢迎出席国务院新闻办（全称国务院新闻办公室）今天举办的新闻发布会。最近中共中央办公厅、国务院办公厅印发了《关于调整完善土地出让收入使用范围优先支持乡村振兴的意见》（简称《意见》）。这个《意见》非常重要。为了帮助大家更好地了解《意见》的情况，今天我们非常高兴请来了中央农村工作领导小组办公室副主任、农业农村部副部长韩俊先生，农业农村部党组成员兼中央农办秘书局局长吴宏耀先生，请他们向大家介绍并回答大家关心的问题。首先，有请韩部长作介绍。

韩俊：

女士们、先生们、媒体朋友们，大家上午好！感谢大家长期以来对"三农"工作的关注和支持。

党中央、国务院高度重视调整完善土地出让收入使用范围，优先支持乡村振兴。为深入贯彻习近平总书记关于把土地增值收益更多用于"三农"的重要指示精神，落实党中央、国务院有关决策部署，拓宽实施乡村振兴战略资金来源，中办（全称中共中央办公厅）、国办（全称国务院办公厅）印发了《关于调整完善土地出让收入使用范围优先支持乡村振兴的意见》。《意见》对稳步提高土地出让收入用于农业农村比例、集中支持乡村振兴重点任务作出了安排部署。各地区各有关部门要提高政治站位，深刻认识调整完善土地出让收入使用范围、优先支持乡村振兴的重要性、紧迫性，切实将这项改革摆上重要议事日程，明确工作责任，确保各项举措落地见效。

长期以来，土地增值收益取之于农，主要用之于城，有力地推动了工业化、城镇化快速发展，但直接用于农业农村比例偏低，对农业农村发展的支持作用发挥不够。实施乡村振兴战略，需要大量投入，仅靠财政一般公共预算远远不能满足需求，必须拓宽资金来源渠道，建立健全乡村振兴投入稳定增长的长效机制。调整完善土地出让收入使用范围，提高农业农村投入比

例，就是一项重要的改革举措和制度安排。《意见》强调，要坚持农业农村优先发展，坚持积极稳妥、分步实施，按照“取之于农、主要用之于农”的要求，调整土地出让收益城乡分配格局，既要在存量调整上做文章，也要在增量分配上想办法，稳步提高土地出让收入用于农业农村的比例，集中支持乡村振兴重点任务，加快补上“三农”发展短板。这个文件明确提出，从“十四五”第一年开始，各省（自治区、直辖市）要分年度稳步提高土地出让收入用于农业农村的比例；到“十四五”期末，以省（自治区、直辖市）为单位核算，土地出让收益用于农业农村的比例要达到50%以上。

《意见》提出了5个方面的重点举措：一是明确了以省（自治区、直辖市）为单位提高土地出让收入用于农业农村比例的两种可选择的计提方式。二是明确了土地出让收入用于农业农村支出的统计口径。三是明确了建立市、县留用为主，中央和省级适当统筹的资金调剂机制。四是明确了允许各地根据乡村振兴实际需要，打破分项计提、分散使用的管理方式，对土地出让收入进行整合使用，聚焦补短板、强弱项。五是明确了加强对土地出让收入用于农业农村资金的核算，特别是要求不得虚增土地出让成本，缩减土地出让收益。《意见》要求，各省（自治区、直辖市）在2020年年底前制定具体措施并报中央农办（全称中央农村工作领导小组办公室），由中央农办会同有关部门审核备案。下一步，我们将认真贯彻落实习近平总书记重要指示精神，按照党中央、国务院决策部署，会同有关部门压实工作责任、强化保障措施、加强考核监督，切实落实好这项改革举措，不断强化实施乡村振兴战略的资金保障。我就作一个简要的介绍。下面，我和吴宏耀先生愿意回答大家的提问。

胡凯红：

谢谢韩俊先生，下面开始提问。

中央广播电视总台央视记者：

刚才发布词中提到土地出让收入的使用长期以来向城市倾斜，现在出台这项举措晚不晚？对增加乡村振兴的投入能起到多大作用？我的问题就是这些，谢谢。

韩俊：

谢谢您的提问，您这个问题由我来回答。土地出让收入是地方政府性基金预算收入的重要组成部分。长期以来，土地增值收益主要还是用在城市，城市建设可以说对“土地财政”的依赖性是很大的。我们做了一个统计，从2013年到2018年，全国的土地出让收入累计高达28万亿元，扣除成本性支出以后，土地出让收益是5.4万亿元，占土地出让收入的19.2%。土地出让支出用于农业农村的资金合计是1.85万亿元，仅占土地出让收益的34.4%，占土地出让收入的6.6%，用在城市建设的比例比农村要高得多。随着城镇化进程加快，征地规模和土地出让规模不断扩大，土地出让收入占地方财政收入的比重也大幅度提高，向城市倾斜的土地出让收益分配格局，确实是有力地促进了城市建设。2019年，我国城镇常住人口已经由1978年的1.72亿人，增加到了8.48亿人，城镇化水平由17.9%提高到了60.6%，可以说经历了一个史无前例的城镇化进程。长期以来，土地出让收入用于农业农村的比例偏低，这是造成农业农村建设投入不足的一个重要原因。党的十九大提出实施乡村振兴战略以来，中央不断强化顶层设计，建立健全乡村振兴制度框架和政策体系。全面促进乡村振兴，需要真刀真枪地干，需要真金白银地投。因此，必须建立财政投入稳定增长的长效机制，这是非常重要的。

除了继续增加财政一般公共预算对“三农”的投入以外，也要想办法拓宽资金来源渠道，提高土地出让收入用于农业农村的比例，就是一个重要的资金筹措渠道，是一个重要的制度安排。刚才您提到现在出台这项政策是不是晚了，现在我们的城镇化水平已经超过了60%，已经到了工业反哺农业、城市支持农村的发展阶段了，到了该把土地增值收益更多地用于“三农”的时候了。现在要解决好发展不平衡、不充分的问题，推动形成以国内大循环为主体、国内国际双循环相互促进的新发展格局，必须加快推进乡村全面振兴，可以说乡村发展就是扩大内需的一个重要战略支点，必须下决心解决土地增值收益长期以来“取之于农、主要用之于城”的问题。对这个问题，党中央、国务院高度重视，2018年、2019年和2020年的中央一号文件都对调整完善土地出让收入使用范围，提高用于农业农村的比例提出了明确要求，这充分体现了中央对于建立稳定可靠的实施乡村振兴战略资金来源的高度重视。这项改革的意义是非常重大的，它可以引导资源要素向乡村流动，实际上是在土地出让收益这个蛋糕里面多给农村切一块，这是城乡利益格局的重要调整，是构建新型工农城乡关系的一项重大制度安排，也是落实农业农村优先发展的一项重大举措。最近几年，全国土地出让收入1年要达到六七万亿元，土地出让收入用于农业农村比例每提高1个百分点，就相当于给“三农”增加了六七百亿元的投入。毫无疑问，这项改革的逐步实施，将会为实施乡村振兴战略提供有力的资金支持。谢谢。

光明日报社记者：

《意见》提出，为提高土地出让收入用于农业农村的比例，各地可以结合本地实际，从两种计提方式中选择一种组织实施，请问这是出于什么考虑？

韩俊：

这个问题还是由我来回答。刚才您问的这个问题也是这个文件最重要、最核心的一个内容，刚才我回答了为什么要提，您问的是怎么来计提。这项改革的总目标，是把土地出让收益用于农业农村的比例提高到50%以上，做这样的规定是为了落实土地增值收益“取之于农、主要用之于农”的要求。对于如何实现这个目标，我们在起草这个文件的过程中征求了各个方面的意见，主要有两种意见：一种意见是按照土地出让收益一定比例计提，文件提出了这方面的目标和要求。另一种是按照土地出让收入的一定比例计提。应该说这两种方式都是可以操作的，也各有利弊。土地出让收益是土地出让收入扣除征地和拆迁补偿支出、土地开发支出等成本性支出后的收益，反映了各地实际可以统筹使用的资金规模。但是土地出让成本性支出的标准很难统一规定，一些地方很容易通过做大成本性支出来缩减土地出让收益，这样一来，就会导致政策效果大大缩水，这个情况确实是存在的，我们在调研中也遇到很多这样的情况。土地出让收入是直接缴入地方国库的，收入数目是有据可查的，便于操作和监督，但是它不能完全反映地方可以使用的资金规模。在征求地方意见的过程中，不少省份选择按收入的一定比例来计提，也有不少的省份选择按收益的一定比例来计提。所以说为了照顾各地实际，避免“一刀切”，文件提出了两种方案供地方选择。第一种是按照土地出让收益的50%以上进行核定，但是如果全年应计提数小于土地出让收入的8%，则按不低于土地出让收入的8%计提。有的媒体朋友可能会问，为什么按收益计提还加了一个不低于土地出让收入8%的条件，主要是为防止有的地方将与土地前期开发无关的基础设施和公益性项目建设成本纳入成本核算范围，这样一来会虚增土地出让成本，缩减土地出让收益。文件里明确提出，不得虚增土地出让成本、缩减土地出让收益。如果不作这样的规定，在有些地方政策就会缩水。第二种方案是按照土地出让收入的10%以上进行核定。地方选择哪一种方式都可以，由省里自己来定。各省（自治区、直辖市）对辖区内的市、县可以设定一个差异化计提的标准，我们是以省（自治区、直辖市）作为一个核算单位的，全省无论按哪种方式计提，总体上要实现土地出让收益用于农业农村的比例不低于50%的目标要求。谢谢。

中国农村杂志社记者：

现在一些地方的土地出让收入统计很不规范，请问如何加强对土地出让收入用于农业农村情况的监督，防止出现“数字计提”、弄虚作假，确保改革落到实处？谢谢。

吴宏耀：

你说的这种现象确实是存在的，我们在文件起草过程中也注意到了这个问题。为了防止一些地方“做大”土地出让成本性支出，“做小”土地出让收益，搞“数字计提”，《意见》从3个方面作出了安排。

一是要规范计提方式。刚才韩俊副主任已经说了，对于按照土地出让收益50%以上计提的这种方式，要求如果计提数小于土地出让收入的8%，则按不低于土地出让收入8%计提。这样做即使“做小”了土地出让收益，还有“土地出让收入的8%”这个比例来把关，这就为资金计提规模划出了底线。不管两种方式怎么提，底线就是不能低于土地出让收入的8%。同时，中央将根据实际支出情况考核各省（自治区、直辖市）土地出让收入用于农业农村比例是否达到要求，具体考核办法将由财政部另行制定。

二是加强资金核算管理。《意见》要求，进一步完善土地出让收支核算办法，加强对土地出让收入用于农业农村支出的监督管理。具体有“三个严”——两个“严禁”，一个“严格”：一是严禁变相减免土地出让收入，确保及时、足额缴入国库；二是严格核定土地成本性支出，不得将与土地前期

开发无关的基础设施和公益性项目的建设成本纳入成本核算范围；三是严禁以已有明确用途的土地出让收入作为偿债资金来源发行地方政府专项债券。同时，要建立全国统一的土地出让收支信息平台，实现实时监控。

三是加强考核监督。一是要严肃查处擅自减免、截留、挤占、挪用应缴国库土地出让收入以及虚增土地出让成本、违规使用农业农村投入资金等行为，并依法依规追究有关责任人的责任。二是加强对土地出让相关政策落实及土地出让收支管理的审计监督，适时开展土地出让收入专项审计。三是各省（自治区、直辖市）党委和政府每年向党中央、国务院报告实施乡村振兴战略进展情况时，要专题报告调整完善土地出让收入使用范围、提高用于农业农村的比例、优先支持乡村振兴的情况。四是把调整完善土地出让收入使用范围、提高用于农业农村比例的情况纳入实施乡村振兴战略实绩考核，并作为中央一号文件贯彻落实情况督查的重要内容。

我想，通过这些措施，就能防止有些地方搞“数字计提”，确保各项改革措施落实到位。谢谢。

香港商报社记者：

现在一些地方基层政府财政形势比较紧张，提高土地出让收入用于农业农村的比例，会不会给地方财政收支带来一些影响？谢谢。

吴宏耀：

这个问题还是由我继续回答。我们在调研中发现，地方特别是基层政府确实有这种担忧。提高土地出让收入用于农业农村的比例，是城乡关系的一次重大调整，可能会在一定程度上改变地方财政支出结构。《意见》对此有所考虑，也采取了一些措施。

一是要分步实施改革。已经明确这项改革从2021年开始实施，允许地方分5年改革到位，到2025年达到目标要求。各省（自治区、直辖市）可以确定分年度目标和实施步骤，合理把握改革的节奏，分5年来达到目标要求。

二是要严格防范地方政府债务风险。《意见》提出了两个“允许”：一是允许将已收储土地的出让收入继续通过计提国有土地收益基金，用于偿还因收储土地形成的地方政府债务，并作为土地出让成本性支出计算核定；第二是允许省级政府按照现行的政策，继续统筹土地出让收入用于支持“十三五”易地扶贫搬迁融资资金的偿还。

三是明确向县级倾斜的政策导向。《意见》提出，土地出让收入用于农业农村的资金主要由市、县政府安排使用，重点向县级倾斜，赋予县级政府合理使用资金的主动权。同时我们要看到，地方土地出让收入主要是用来搞建设的，过去主要投向了城市，现在要求更多投向农村，所以地方资金使用总量并没有减少，只是使用范围和结构发生了变化，也可以说是从“左口袋”掏到了“右口袋”，所以没有给地方政府增加新的负担。我想通过这几条措施，这项改革对地方财政收支的影响不会太大。谢谢。

中国日报社记者：

目前土地出让收入的计提资金在使用方向上规定得过细，存在资金“撒胡椒面”的问题，请问怎么提高资金使用收益？谢谢。

韩俊：

这个问题我来回答。您指出的问题在一些地方确实是存在的。在起草文件过程中，我们对这个问题也作了深入研究。为了防止支出碎片化、提高资金使用的整体效益，文件提出要统筹整合土地出让收入用于农业农村的资金，与实施乡村振兴战略规划衔接好，一定要聚焦补短板、强弱项。文件提出，各地可以根据乡村振兴的实际需要，坚持精打细算，打破分项计提、分散使用的管理方式，整合土地出让收入用于农业农村的资金，重点用于高标准农田建设、农田水利建设、现代种业提升、农村供水保障、农村人居环境整治、农村土地综合整治、耕地及永久基本农田保护、村庄公共设施建设和管护、农村教育、农村文化和精神文明建设支出，与农业农村直接相关的山水林田湖草生态保护修复，以及以工代赈工程建设等十几项。这些方面都是实施乡村振兴战略需要补的突出短板，都是一些比较紧要的任务，必须集中资金优先予以支持。乡村振兴的一般性工作任务，要争取通过其他渠道统筹解决资金问题，不列入这项改革增加的资金使用范围。同时，文件还强调，加强土地出让收入用于农业农村资金与一般公共预算支农投入之间的统筹衔接。也就是说，不能因为这边增加了土地出让收入的资金，那边就减少了一般公共预算支农投入，这样做是与这项改革的初衷背道而驰的，必须持续加大各级财政通过原有渠道用于农业农村的支出力度，防止产生“挤出效应”。谢谢。

封面新闻记者：

我们知道，土地出让收入主要集中在经济发达地区，对于经济不太发达的地区来说，乡村振兴任务是比较重的，但是土地出让收入又不够，会不会出现一些地区计提资金用不完、一些地区不够用的情况？谢谢。

韩俊：

你这个问题也是一些地方非常担心的问题。我介绍过，土地出让收入现在一年高达六七万个亿，2020年有可能突破7万亿。但是土地出让收入的分布是很不均衡的，经济发达地区，特别是一些大城市、中心城市，土地出让价格高，地方政府土地出让收入规模大，计提资金就多，但是这些地方农村的发展水平也相对较高。一些经济欠发达的地区，特别是在县一级，土地不值钱，价格很低，差距太大了，这些县可能土地几十万元一亩，到了省会城市土地就到了千八百万元，甚至到了一些更重要的地段就是数千万元一亩。这些欠发达的县（市）土地出让收入实际上是不多的，但是这些地方乡村振兴补短板的任务是非常重的。为了防止出现有的地方计提的资金用不完，有的地方计提得很少，根本不够用的情况，《意见》对健全中央和省级适当统筹的资金调剂机制作出了安排。

第一，允许省级适当统筹。土地出让收入用于农业农村的资金主要还是应该由市、县政府安排使用，但是省级政府可以从土地出让收入用于农业农村的资金中，统筹一定比例的资金，在所辖各地区之间进行调剂，重点是支持粮食主产县和财力薄弱县。具体省里面怎么统筹、统筹多大的比例，是由地方自主确定的。但是我们考核的标准是到“十四五”末，土地出让收益用于农业农村的比例必须达到50%以上，还设计了一个附加条件，这个底线就是不能低于土地出让收入的8%，省里下一步还要制定具体措施。

第二，中央统筹的资金向部分地区倾斜。目前，中央层面从土地出让收益中计提的是农田水利建设资金，以及市、县政府缴纳的新增建设用地土地有偿使用费，这些方面中央都会统筹一定比例的资金。今后，中央还会继续按照现行规定和标准来统筹一定资金，这个比例是不变的，不去增加地方负担。考虑到粮食主产区和中西部地区财力弱、乡村振兴任务重，文件强调，中央财政统筹的资金要向这些地区倾斜使用。

第三，对北京、上海等少数省份适当放宽要求。北京、上海等地的土地出让收入是很高的，但是农业农村占比较低，对于这些地区，允许根据实际需要来确定提高土地出让收入用于农业农村的具体比例。这些地方虽然可以自主确定，但是文件有一条硬要求，也就是说，必须确保土地出让收入用于支持乡村振兴的力度不断增强。谢谢。

胡凯红：

发布会到此结束，谢谢两位发布人，谢谢各位。

3.“十三五”时期农业农村发展成就新闻发布会

一、基本情况

“十三五”时期农业农村发展成就新闻发布会

时　间	2020年10月27日（星期二）上午10时	
地　点	国务院新闻办公室新闻发布厅	
主　题	“十三五”时期农业农村发展成就	
发布人	农业农村部副部长	刘焕鑫
	农业农村部党组成员兼中央农办秘书局局长	吴宏耀
	农业农村部总经济师、发展规划司司长	魏百刚
主持人	国务院新闻办公室新闻局副局长	寿小丽

二、现场实录

寿小丽：

女士们、先生们，大家上午好，欢迎出席国务院新闻办新闻发布会。“十三五”时期，农业农村发展取得重大成就，完成了“十三五”规划确定的农业农村发展各项目标任务。今天，我们非常高兴邀请到农业农村部副部长刘焕鑫先生，党组成员吴宏耀先生，总经济师魏百刚先生，请他们为大家介绍“十三五”时期农业农村发展主要成就有关情况，并回答大家感兴趣的问题。下面，首先请刘焕鑫先生作介绍。

刘焕鑫：

女士们、先生们，新闻界的朋友们，大家上午好！很高兴在这里与大家见面，感谢各位媒体朋友一直以来对“三农”工作的关心和支持。2020年是“十三五”收官之年，各级农业农村部门深入贯彻习近平总书记重要指示批示精神，全面落实党中央、国务院决策部署，围绕做好“六稳”工作，落实“六保”任务，有效应对新冠肺炎疫情、严重洪涝灾害、重大病虫害偏重发生等风险挑战，农业农村发展持续稳定向好。粮食产量有望再创历史新高，生猪生产恢复好于预期，“菜篮子”产品供给充足，城乡居民收入差距进一步缩小。“十三五”时期，以习近平同志为核心的党中央坚持把解决好“三农”问题作为全党工作的重中之重，确立了农业农村优先发展总方针，作出实施乡村振兴战略的重大决策部署，农业农村发展取得历史性成就、发生历史性变革。“十三五”规划确定的农业农村发展各项目标任务胜利完成，为如期打赢脱贫攻坚战、全面建成小康社会提供了有力支撑，为稳定经济社会发展大局、应对国内外风险挑战争取了战略主动。

一是14亿中国人的饭碗端得更牢。坚持“藏粮于地、藏粮于技”战略，近年来，每年完成8 000万亩高标准农田建设任务，划定10.88亿亩粮食生产功能区和重要农产品生产保护区，粮食产量将连续6年超过1.3万亿斤，产能再上一个新台阶。稻谷、小麦自给率达100%，玉米自给率超过95%，肉蛋奶、果菜茶品种丰富，供应充裕，有效满足了人民群众日益增长的消费需求。

二是农业现代化建设迈上新台阶。农业科技进步贡献率突破60%，全国农作物耕种收综合机械化率超过70%，主要农作物良种实现全覆盖。全国家庭农场超过100万家，农民合作社达到222.5万家，农业社会化服务组织达到89.3万个，成为引领现代农业发展的主力军，有力推动了小农户与现代农业有机衔接。化肥、农药施用量连续3年实现负增长，农产品质量安全监测合格率稳定在97%以上，质量兴农、绿色兴农成为现代农业主旋律。

三是农民收入提前实现翻番目标。农村居民人均可支配收入2019年突破1.6万元，提前一年比2010年翻一番，增速连续10年高于城镇居民，城乡居民收入差距持续缩小，由2015年的2.73：1缩小到2019年的2.64：1。2020年前三季度，农村居民人均可支配收入达到12 297元，实际增长1.6%，第四季度增速将继续提高，农民在小康之年将有更多获得感、幸福感。

四是脱贫攻坚取得决定性成就。到2020年年底，现行标准下贫困人口将全部脱贫，832个贫困县将全部摘帽，区域性整体贫困问题将得到解决。产业扶贫政策覆盖了98%的贫困户，贫困地区累计实施产业扶贫项目超过100万个，建成各类产业扶贫基地超过30万个，每个贫困县都形成了特色鲜明、带贫能力强的主导产业，产业扶贫成为覆盖面最广、带动人数最多、取得成效最大的扶贫举措。

五是乡村振兴实现良好开局。乡村振兴战略规划发布实施，党的农村工作条例颁布施行，乡村振兴制度框架基本形成。农村卫生厕所普及率超过65%，行政村生活垃圾收运处置体系覆盖率超过90%，农村人居环境整治三年行动目标任务基本完成。农村水电路讯等基础设施加快建设，教育、医疗、养老等公共服务水平不断提升，乡村治理体系进一步完善，乡村面貌焕发新气象。

六是农村改革持续深化。农村基本经营制度进一步巩固完善，2亿多农户领到土地承包经营权证。第二轮土地承包到期后再延长30年政策出台，农村承包地所有权、承包权、经营权“三权”分置取得重大进展，新一轮农村宅基地改革试点启动实施。农村集体资产清产核资基本完成，6亿多人的集体成员身份得到确认。农业支持保护制度逐步健全，以绿色生态为导向的农业补贴制度初步建立，调整完善土地出让收入使用范围优先支持乡村振兴政策出台，农村改革“四梁八柱”基本构建。

这些成就的取得，是以习近平同志为核心的党中央统揽全局、坚强领导的结果，是亿万农民和广大干部辛勤努力、不懈奋斗的结果，是强农惠农富

农政策不断完善、持续强化的结果。

“十四五”时期，我们将牢固树立新发展理念，落实高质量发展和构建新发展格局要求，坚持农业农村优先发展总方针，以实施乡村振兴战略为统领，稳步提升粮食等重要农产品保障水平，努力提高农业质量效益和竞争力，着力加强美丽宜居乡村建设，巩固提升脱贫攻坚成果，持续深化农村改革，不断完善乡村治理体系，加快推进农业农村现代化。下面，我和我的同事愿意回答大家的提问。

寿小丽：

谢谢刘焕鑫副部长。下面进入提问环节，提问前请通报一下所在的新闻机构。

中央广播电视总台央视记者：

我的问题是，“十三五”时期，为适应人民群众由“吃得饱”向“吃得好”转变，农业发展由数量导向转向了提质导向，请问经过5年的努力，粮食等重要农产品保障情况如何？下一步有什么考虑？谢谢。

刘焕鑫：

这个问题提得很好，也是社会各界和广大群众十分关心的问题。正如你所说，现在人民生活水平提高了，消费正由“吃得饱”向“吃得好”“吃得营养健康”加快转变。为有效满足老百姓消费升级需求，各级农业农村部门持续深化农业供给侧结构性改革，大力推进质量兴农、绿色兴农、品牌强农，粮食等重要农产品供给水平明显提升。下面，我用3个词来概括一下。

第一个词，总量充足。这5年，我们始终把解决好吃饭问题作为首要职责，大力实施重要农产品保障战略，粮食和重要副食品供给充足，粮食生产再上新台阶，稳定在1.3万亿斤以上，人均粮食占有量稳定在470公斤以上，远高于国际公认的400公斤粮食安全线。14亿中国人的饭碗牢牢端在自己手中。棉、油、糖生产能力进一步提升，“菜篮子”产品丰产丰收、供应充足。2019年，我国年产出肉类7 759万吨，禽蛋3 309万吨，牛奶3 201万吨，水果2.74亿吨，蔬菜7.21亿吨，水产品6 480万吨，预计2020年这些产品产量总体保持稳定增长。老百姓“米袋子”“菜篮子”越来越丰盈，只要有需求，就能有供应。

第二个词，结构优化。这5年，我们坚持以市场需求为导向，着力调整优化农业结构，绿色优质农产品供给明显增加，种植业结构持续优化，过去小麦主要用来做馒头和面条，现在用作面包和糕点的强筋、弱筋优质专用小麦占比有了较大幅度提高，已经达到35.8%，优质稻谷面积进一步扩大，大豆面积连续5年增加，粮改饲面积超过1 500万亩，粮经饲三元结构初步构建。畜牧业也在加快升级，生猪养殖规模化率超过一半，达到了53%；牛，羊肉较快增长；更多消费者购买国产奶粉，满足了消费结构升级需要。

第三个词，品质提升。这5年，我们把质量安全摆在更加突出的位置，坚持“产出来”和“管出来”两手抓，食用农产品生产标准体系基本建立，合格证制度全面试行，农产品质量安全监测合格率稳定在97%以上，老百姓舌尖上的安全保障更加有力，认定绿色、有机和地理标志农产品超过4.92万个，越来越多绿色优质农产品摆上了超市货架和百姓餐桌。

下一步，为更好满足人民日益增长的美好生活需要，我们将深入实施重要农产品保障战略，持续深化农业供给侧结构性改革，启动实施重要农产品区域布局和生产供给方案，着力稳定粮食生产，着力增加“菜篮子”产品有效供给，调整优化农产品结构，不断提高农业质量效益和竞争力。谢谢。

海报新闻记者：

“十三五”期间，为加快农村一、二、三产业融合发展，农业农村部都采取了哪些措施？成效如何？谢谢。

魏百刚：

谢谢你的提问。2015年，国务院办公厅印发了《关于推进农村一二三产业融合发展的指导意见》。这些年来，各地各部门认真贯彻落实党中央、国务院关于加快乡村产业发展的决策部署，依托农业农村资源，加快发展乡村富民产业，推动农村一、二、三产业加快融合发展，努力让更多的就业机会留在农村，更多的二、三产业增值收益留给农民。总结起来，有以下几方面的举措和成效。

第一，大力发展农产品加工业。2019年，全国建成农产品加工园1 600个，发展规模以上农产品加工企业8.1万家，农产品加工业营业收入超过了22万亿元，吸纳3 000多万人就业。

第二，大力推进乡村特色产业发展。建设了一批产业超过10亿元的特色

产业镇和超1亿元的特色产业村，发掘了一批乡土特色工艺。

第三，加速发展乡村休闲旅游业。建设了一批休闲旅游精品景点，推介了一批休闲旅游精品线路。近年来，农业农村部推介了1 000条乡村休闲旅游精品景点线路，成为城市人员下乡旅游的首选地。2019年，休闲农业接待游客32亿人次，营业收入超过了8 500亿元。

第四，推动乡村新型服务业发展。2019年，农、林、牧、渔专业及辅助性活动产值6 500亿元，各类涉农电商超过3万家，农村网络销售额1.7万亿元，其中农产品网络销售额4 000亿元。在各项政策的有力支持下，乡村产业发展的平台载体加快培育，现在全国已经批准创建国家现代农业产业园151个，带动各省、市、县现代农业产业园3 000多个；发展农业产业化联合体7 000多家，创建农业产业强镇800多个。乡村产业加快发展，农村一、二、三产业加快融合，已经成为农民就业增收的重要支撑和乡村经济发展的重要增长极。

下一步，农业农村部将继续以农业供给侧结构性改革为主线，着力打造农村一、二、三产业融合发展平台载体，聚焦重点产业，集聚资源要素，强化创新引领，延长产业链、提升价值链，加快形成农民、企业和社会多方参与的乡村产业发展格局。谢谢大家。

农民日报社中国农网记者：

老百姓比较关心农村改厕、污水和垃圾处理情况，请问目前《农村人居环境整治三年行动方案》进展情况如何？取得了哪些成效？谢谢。

吴宏耀：

谢谢，我来回答这个问题。党中央高度重视农村人居环境整治，老百姓也高度关注。2018年年初，中办、国办印发了《农村人居环境整治三年行动方案》，中央农办、农业农村部积极发挥牵头作用，会同有关部门，按照党中央、国务院的决策部署，深入学习浙江“千村示范、万村整治”工程经验，扎实推进三年行动方案落实。目前，农村人居环境整治全面推开，取得重大阶段性成效，三年行动方案目标任务基本完成。

第一，绝大多数村庄实现干净整洁。2018年年底，中央农办、农业农村

部等18个部门启动实施村庄清洁行动，相继组织系列战役，广泛发动农民群众自觉开展“三清一改”，即清理农村生活垃圾、清理村内塘沟、清理畜禽养殖粪污等农业生产废弃物、改变影响农村人居环境的不良习惯，集中整治村庄“脏乱差”问题。95%以上的村庄开展了清洁活动，村容村貌明显改善。

第二，农村“厕所革命”扎实推进。我们始终坚持因地制宜、分类施策、“好”字当头、质量优先，通过印发政策文件、召开部署会议、加强技术支撑、开展督促检查、强化宣传培训等，指导各地优先推进一类县、稳步推进二类县农村改厕，在三类县开展试点示范；要求各地改一个，成一个，提升农村改厕工作质量与实效，确保好事办好、群众满意。目前，全国农村卫生厕所普及率达到65%以上，2018年以来，累计新改造农村户厕3 000多万户。

第三，统筹推进农村生活垃圾污水治理等任务。我们积极配合相关部门，加强农村生活垃圾污水治理，完善建设和管护机制。目前，农村生活垃圾收运处置体系已覆盖全国90%以上的行政村，全国排查出的2.4万个非正规垃圾堆放点中，99%已完成整治，农村生活污水治理水平有新的提高。

下一步，我们将在认真总结三年行动方案实施成效的基础上，研究谋划好“十四五”农村人居环境整治提升工作，一年接着一年干，持续改善农村人居环境，让农民群众有更多的获得感和幸福感。谢谢。

封面新闻记者：

今年以来，玉米价格呈现了快速上涨的态势。我们注意到，农业农村部曾经表示导致玉米价格走高的原因之一是需求旺盛和农民惜售。请问农业农村部对此有何应对措施？谢谢。

魏百刚：

谢谢你的关注。正如你所说的，最近一段时间玉米价格有所上涨，社会对玉米市场关注度也是比较高的。就这个问题，前几天农业农村部在部里举办了一次发布会，我们也作了回应。

2020年以来，玉米价格总体是有所上涨的。9月份，随着华北、东北地区新产玉米陆续上市，价格开始回落，国庆假期之后，价格再次有所上涨。据我们了解，吉林部分地区企业玉米挂牌收购价每斤现在是1.17元左右，黑龙江部分地区每斤是1.1元左右。我们分析近期玉米价格上涨有3个方面的原因。

一是需求旺盛。因为现在大家都知道生猪生产加快恢复，饲用玉米需求量有所增加。同时，我们知道现在酒精等产品需求也在增加，包括玉米淀粉，加工企业和贸易商普遍看好玉米市场，所以在收购的时候价格有所提高。

二是成本增加，农民有惜售心理。2020年台风对东北地区玉米产量影响有限，但受灾地区玉米出现了倒伏，收获成本增加。我们在调研过程中发现，倒伏玉米每亩机收费用比正常年份增加100块钱左右，农民讲“多收一穗玉米可以多收4～5毛钱”，收到家以后，看着价格有所上涨，所以想等几天价格好的时候再卖。

三是资本炒作。受全球新冠肺炎疫情影响，国内外投资市场对粮食市场的炒作有升温迹象。10月份以来，国际国内玉米期货价格上涨明显，贸易商和加工企业看涨预期增加，导致现货价格也联动上涨。近期，玉米价格总体上呈趋稳态势。

我们认为，这一轮玉米价格上涨是收储制度改革以来的恢复性上涨，主要是市场作用的结果。今后一段时期还是要发挥市场配置资源的决定性作用，我们也将会同有关部门做好玉米供给工作。抓好粮食生产增加供给。目前，预计玉米收获过九成，丰收已成定局。下一步，指导各地做好收获收尾、晾、晒、烘干等工作，确保秋粮丰收到手，能够尽快上市。抓好出库，增加供给，相关部门将加强前期竞拍玉米出库监管，督促买卖双方及时出库，尽快入市。抓好替代，增加供给，目前水稻、小麦库存充足，也可以拍卖部分库存用作饲料。总之，后期玉米供给将逐步增加，玉米价格继续上涨缺乏支撑。谢谢。

经济日报社记者：

2018年，党中央、国务院印发了《乡村振兴战略规划2018—2022年》，明确了乡村振兴的总体目标和重点任务。请问，乡村振兴战略的实施进展情况如何？谢谢。

魏百刚：

谢谢你的关注。党的十九大作出实施乡村振兴战略的重大决策部署，明确提出了产业兴旺、生态宜居、乡风文明、治理有效、生活富裕的总要求。习近平总书记对推进乡村振兴高度重视，作出了一系列重要指示批示，要求全面推进乡村产业振兴、人才振兴、文化振兴、生态振兴、组织振兴。目前，乡村振兴战略规划明确的7个方面、59项重点任务进展顺利，82项重大工程、重大行动、重大计划有序推进。各地开展了乡村振兴示范引领工作，探索形成了人居环境整治、产业园区带动、美丽乡村建设、乡风文明建设等一批典型范例，乡村振兴开局良好。

一是普遍建立了五级书记抓乡村振兴的领导机制。中央出台了《中国共产党农村工作条例》，明确了五级书记抓乡村振兴的领导责任。31个省份全部成立了实施乡村振兴战略工作领导机构，多数省份是省委书记、省长任领导小组双组长。建立乡村振兴实绩考核制度，将工作任务细化成考核指标，强化考核监督。

二是基本形成了规划先行、梯次推进的工作局面。党中央、国务院印发的《乡村振兴战略规划（2018—2022年）》，确定了到2020年的乡村振兴目标任务，31个省（自治区、直辖市）都科学编制了本区域的地方规划，落实落细国家规划任务，做到上下衔接。县域村庄布局正在加快推进，一些有条件的村编制了“多规合一”的实用性村庄规划。农业农村部先后与浙江、广东、江苏、山东等东部沿海发达省份开展部省合作，推进东部沿海发达地区等有条件的地区率先基本实现农业农村现代化。广大中西部贫困地区把打好精准脱贫攻坚战作为实施乡村振兴战略的优先任务，即将取得全面胜利。

三是乡村振兴的政策框架基本构建。中央出台了农村人居环境整治、乡村产业振兴、乡村治理、乡风文明建设等多个重要文件，设立了中国农民丰收节。相关部门先后制定了金融服务、人才下乡、科技服务、“四好”农村路建设以及乡村教育、医疗、便民服务等支持政策，城乡基础设施统一规划、统一建设、统一管护的机制加快构建，城乡基本公共服务向标准统一、制度并轨的目标加快迈进。

四是一批标志性的重大工程启动实施。围绕抓重点、补短板、强弱项，实施了农村人居环境整治、高标准农田建设、农业科技创新、国家现代农业产业园建设、东北黑土地保护性耕作、农产品仓储保鲜冷链物流设施建设等一批基础性、长远性的工程项目，进一步夯实了农业农村发展的物质基础。

下一步，我们将按照中央的部署要求，聚焦乡村振兴目标任务，扎实有效推进各项工作，确保到2035年，乡村振兴取得决定性进展，基本实现农业农村现代化。到2050年，乡村全面振兴，农业强、农村美、农民富的目标全面实现。谢谢。

香港商报社记者：

建设现代农业，需要物质技术装备支撑。请问，“十三五”期间，我国农业基础设施建设情况怎么样？下一步建设重点是什么？谢谢。

刘焕鑫：

这个问题我来回答。发展现代农业，必须有现代化设施作支撑。“十三五”期间，连续5年中央一号文件作出具体安排部署，持续加大农业基础设施建设投入力度，实施了一大批重大建设项目，带动第一产业固定资产投资明显增加。2016—2020年9月，第一产业固定资产投资累计达8.64万亿元，是“十二五”时期的1.66倍。2020年以来，为克服新冠肺炎疫情对农业农村投资的不利影响，我们推动各地加快发行用于农业农村的地方政府专项债券，1—9月已累计发行1 202亿元，有效拓宽了农业农村投融资渠道。“十三五”以来，农业基础设施建设明显改善，物质技术装备条件加快提升。4个方面的成就尤为突出。

一是大规模建设高标准农田。近年来，每年完成8 000万亩高标准农田建设任务，农业抗灾减灾能力显著增强，亩均粮食产能提高约100公斤。实施耕地质量保护与提升行动，加强东北黑土地保护利用，启动退化耕地治理，2019年，全国耕地平均等级达4.76等，较2014年提升0.35个等级，农业高效节水灌溉设施加快建设，农田灌溉有效利用系数达0.56。

二是国家良种生产保障能力显著提升。建设以海南、甘肃、四川三大国家级育制种基地为核心，52个国家级制种大县和100个区域性良种繁育基地为骨干的种业基地“国家队”，农业用种供给保障能力显著提升。即将建成的国家农作物种质资源库新库，保存能力达150万份，保存能力和水平居世界第一。现代种业“芯片”不断创新突破，主要农作物新一轮更新换代成效显著，自主选育品种面积超过95%，实现了中国粮主要用中国种。

三是农业机械化全程全面发展。农业机械物质装备水平加快提升，全国农业机械总动力达到10.28亿千瓦。已建成453个主要农作物生产全程机械化示范县，丘陵山区农田宜机化改造加快推进，农作物耕、种、收机械化率超过70%，畜牧养殖和水产养殖机械化率分别达到34%和30%，农业机械化正在从耕、种、收环节向植保、秸秆处理、烘干等全程延伸拓展。

四是畜牧水产养殖设施加快升级改造。畜禽圈舍、自动饲喂、疫病防控等设施设备加快建设，畜禽养殖规模化率达64.5%，规模养殖场粪污处理设施装备配套率达93%。大力实施奶业振兴计划，支持奶牛养殖场设施改造，建成一批优质饲草料基地，奶牛规模养殖比重达64%。推进渔业转型升级，创建国家级水产健康养殖示范场5 400多个。

目前，我们正在组织编制“十四五”农业农村发展规划和专项建设规划，积极谋划实施一批具有基础性、长远性、战略性的农业重大工程项目，重点围绕高标准农田、现代种业、仓储保鲜冷链物流设施、数字农业农村、动植物保护、重大科学基础设施等方面，加大投入力度，强化现代农业设施装备支撑。谢谢。

中央广播电视总台央广记者：

我们在调研过程中发现，有很多生猪龙头企业在预测，说生猪价格要回归到常态，可能要到2021年下半年，请问农业农村部怎么看？谢谢。

魏百刚：

谢谢你的提问。生猪生产恢复和猪肉价格已经讲过很多次了，价格情况怎么样，很大程度上要看生产供给情况。2020年以来，各地认真贯彻党中央、国务院出台的一系列生猪生产恢复扶持政策，我们讲“17+2”，加快养殖场户补栏增养，抓好非洲猪瘟常态化防控，有力推动了生猪生产。前三季度新建投产1.25万个规模养猪场，1.34万个空栏的规模养殖场实现复养。到9月底，全国生猪存栏达3.7亿头，恢复到2017年年末的84%，能繁母猪存栏达3 822万头，恢复到2017年末的86%。随着生猪生产快速恢复，出栏量增加，猪肉价格已连续8周回落。目前，集贸市场价格每公斤49.23元，比2020年2月份的最高点低了10.41元，回落趋势非常明显。今后一个时期内，猪肉供应的形势越来越好，近期，我们组织专家分析测算，综合考虑生猪生产恢复情况、猪肉进口、消费需求等因素。2021年元旦、春节这两大节假日期间，猪肉供应量同比会增加三成左右，增加量上去以后，价格总体上将低于2019年同期水平，不会出现价格大幅上涨的情况。后期随着能繁母猪增加，生猪存栏量增加，出栏量也会很快增加。供应上去以后，价格将逐步回落到正常水平。谢谢。

人民日报社记者：

我们在采访中感受到农民群众对农村改革十分关注和期待。请问“十三五”以来，在农村改革方面取得了哪些进展和成果？请问下一阶段，在农村改革方面还会采取哪些措施？谢谢。

吴宏耀：

“十三五”以来，中央农办、农业农村部会同有关部门，按照党中央、国务院部署，全面深化农村改革，取得了明显进展，也取得了很多成果，具体可以概括为“三个一批”：一是推动出台了一批顶层设计的改革方案；二是实施了一批纵深突破的改革试点；三是建立了一批成熟定型的法律制度。通过改革，初步构建起实施乡村振兴战略的“四梁八柱”，为实施乡村振兴战略提供了制度和政策保障。具体体现在6个方面。

一是农村土地制度改革取得重大进展。承包地确权登记颁证工作顺利完成，“三权”分置体系初步确立，《农村土地承包法》（全称《中华人民共和国农村土地承包法》）完成修订，党中央也宣布了第二轮土地承包到期后再延长30年，让农民群众吃上了长效“定心丸”。农村宅基地制度改革试点方案已经印发，将启动实施新一轮宅基地制度改革试点，同时农村集体经营性建设用地入市、农村集体土地征收制度改革全面扎实推进。

二是农村集体产权制度改革稳步推进。农村集体清产核资工作已顺利完成，全国共清查核实农村集体资产6.5万亿元，土地资源总面积65.5亿亩。有43.8万个村完成了经营性资产股份合作制改革，确认集体经济组织成员6亿多人。

三是新型农业经营体系加快构建。实施家庭农场培育计划和农民合作社规范提升行动，全国家庭农场超过100万家，农民合作社超过220万家；我们支持农业生产性服务业发展，农业生产托管服务组织达到44万个。通过农业的社会化、专业化服务，带动小农户进入农业现代化的轨道，初步走出了一条中国特色的农业现代化道路。

四是农业支持保护制度进一步健全。我们贯彻国家粮食安全战略，坚持“藏粮于地、藏粮于技”，实行最严格的耕地保护制度，全国划定永久基本农田15.5亿亩，粮食生产功能区和重要农产品保护区10.88亿亩，国家完善农产品的价格形成机制和收储制度，也建立了生产者补贴制度，都取得了积极成果。

五是乡村治理体系建设成效明显。党组织领导下的自治、法治、德治相结合的乡村治理体系初步建立，农村基层党组织战斗堡垒作用和党员的先锋模范作用得到充分发挥，村民自治形式不断规范，法治乡村建设进一步加强，文明乡风的管理机制和工作制度基本健全。

六是城乡融合发展迈出了坚实步伐。城乡基本公共服务均等化扎实推进，建立了城乡统一的居民基本养老保险制度、居民基本医保和大病保险制度，全国95%的县通过县域义务教育基本均衡发展评估认定，农业转移人口市民化取得了重大进展，城乡均等的公共就业创业服务水平明显提升。

下一步，我们将按照党中央、国务院的决策部署，把完善“三农”制度和政策体系摆在更加突出的位置，继续以处理好农民和土地的关系为主线，围绕完善农村产权制度和要素市场化配置机制，推出重大改革举措，促进城乡要素自由流动和平等交换，充分激发农村发展内生动力，为推进乡村全面振兴提供更加有力的制度支撑。谢谢大家。

寿小丽：

谢谢刘焕鑫副部长，谢谢各位发布人，谢谢各位记者朋友们，今天的新闻发布会就到这里。

4. 产业扶贫进展成效新闻发布会

一、基本情况

产业扶贫进展成效新闻发布会

时　间	2020年12月16日（星期三）上午10时	
地　点	国务院新闻办公室新闻发布厅	
主　题	产业扶贫进展成效	
发布人	农业农村部副部长	刘焕鑫
	农业农村部总经济师、发展规划司司长	魏百刚
	云南省农业农村厅厅长	谢　晖
	湖北省恩施土家族苗族自治州咸丰县委书记	郑东来
主持人	国务院新闻办公室新闻局副局长	寿小丽

二、现场实录

寿小丽：

女士们、先生们，大家上午好！欢迎出席国务院新闻办新闻发布会。发展产业是实现贫困人口稳定脱贫的重要途径和长久之策，今天非常高兴邀请到农业农村部副部长刘焕鑫先生，请他为大家介绍产业扶贫进展成效有关情况，并回答大家感兴趣的问题。出席今天发布会的还有农业农村部总经济师、发展规划司司长魏百刚先生，云南省农业农村厅厅长谢晖先生，湖北省恩施土家族苗族自治州咸丰县委书记郑东来先生。下面，首先请刘焕鑫先生作介绍。

刘焕鑫：

大家上午好！很高兴在这里与大家见面，感谢各位媒体朋友一直以来对“三农”工作，尤其是产业扶贫工作的关心和支持。习近平总书记高度重视产业扶贫工作，强调发展产业是实现稳定脱贫的根本之策，也是增强贫困地

区造血功能、帮助贫困群众就地就业的长远之计。近年来，农业农村部牵头会同相关部门，认真贯彻习近平总书记重要指示精神，全面落实中央脱贫攻坚决策部署，出台产业扶贫指导意见，坚持规划引领，注重范例推广，强化督促考核，推动各地产业扶贫工作，取得了重大成就。

一是贫困地区特色产业快速发展。832个贫困县全部编制产业扶贫规划，累计建成种植、养殖、加工等各类产业基地超过30万个，旅游扶贫、光伏扶贫、电商扶贫等新模式、新业态加快推进，每个贫困县都形成了2～3个特色鲜明、带贫面广的扶贫主导产业。特别是“三区三州”等深度贫困地区，许多贫困乡村实现了特色产业“从无到有”的历史跨越，涌现凉山花椒、怒江草果、临夏牛羊、南疆林果、藏区青稞牦牛等一批享誉全国的特色品牌。

二是贫困群众收入水平大幅提高。产业扶贫政策已覆盖98%的贫困户，有劳动能力和意愿的贫困群众基本都参与到产业扶贫之中。其中，直接参与种植业、养殖业、加工业的贫困户分别为1 158万户、935万户、168万户；贫困劳动力在所在县内乡村企业、扶贫车间务工的超过1 300万人，占务工总人数近一半。在产业扶贫的有力支撑下，贫困户人均纯收入由2015年的3 416元，增加到2019年的9 808元，年均增长30.2%。

三是贫困地区产业发展条件显著改善。扶贫产业的快速发展，为资本、技术、人才等要素进入贫困地区提供了平台载体，也加快推动了交通、物流、通信等配套设施建设。据统计，贫困县累计建设高标准农田2.1亿亩、农产品初加工设施4.3万座，培育市级以上龙头企业1.44万家，发展农民合作社71.9万家，创建各类扶贫产业园2 100多个，组建4 100多个产业技术专家组，招募4 000多名特聘农业技术员，贫困地区产业发展保障更加有力，后劲明显增强。

四是贫困群众自我发展能力明显提升。通过产业扶贫，不仅形成了一系列产业联农带贫的有效模式，也激发了贫困群众不等不靠、自强不息、用勤劳双手改变生活的精神状态，这些都将在推进乡村全面振兴中持续发挥作用。依托订单生产、土地流转、生产托管、就地务工、股份合作、资产租赁等方式，72%的贫困户与新型农业经营主体建立了紧密型的利益联结关系。通过产业赋能，70%以上的贫困户接受了生产指导和技术培训，累计培养各类产业致富带头人90多万名，产业扶贫“志智双扶”成效十分明显。

产业扶贫已经成为覆盖面最广、带动人口最多、可持续性最强的扶贫举措。这些成就的取得，是以习近平同志为核心的党中央科学决策、坚强领导的结果，是贫困群众和广大扶贫干部辛勤努力、不懈奋斗的结果，是全党全社会众志成城、共同努力的结果。

习近平总书记指出，脱贫摘帽不是终点，而是新生活、新奋斗的起点。巩固拓展脱贫成果同乡村振兴有效衔接，发展产业是最直接的衔接点，也是重要支柱，不仅支撑防止返贫，也支撑乡村全面振兴。下一步，我们将深入贯彻习近平总书记重要指示精神，按照党的十九届五中全会部署，进一步完善产业帮扶政策举措，着力推动脱贫地区特色产业由快速覆盖向长期培育转变，由重点支持贫困村、贫困户向脱贫地区全域覆盖、全体受益转变，由主要支持种养环节向全产业链条拓展转变，推进特色产业不断发展壮大、提档升级，提高质量效益和竞争力，为巩固脱贫成果、推进乡村全面振兴提供坚实有力支撑。下面，我和我的同事愿意回答大家提出的问题。

寿小丽：

谢谢刘焕鑫副部长。下面进入提问环节，提问前请各位记者通报一下所在的新闻机构。

北京广播电视台记者：

农产品滞销问题是产业扶贫中的一大难题，请问农业农村部是如何推动贫困地区产销衔接的？今年新冠肺炎疫情对贫困地区农产品销售影响较大，请问是如何应对的？

刘焕鑫：

产业扶贫不仅要使农产品能够产出来，更重要的是销出去。农产品销售是产业扶贫的一个重要环节。这个问题，请我的同事农业农村部总经济师魏百刚回答。

魏百刚：

贫困地区农产品产销问题，各方面一直很关心，习近平总书记多次强调要做好贫困地区农产品销售。农产品产出来是基础，卖得出、卖得好才有效益，贫困群众才有更高收入。近年来，农业农村部聚焦贫困地区，加大农产品营销推介和帮扶力度，推动批发市场、大型超市、电商平台与贫困地区精准对接，完善线上线下销售渠道，促进贫困地区农产品出村进城，卖上好价钱。主要采取以下措施。

一是搭平台。2018年以来，组织举办了20余场贫困地区农产品产销对接活动，帮助700多个贫困县销售农产品500多亿元。在中国国际农产品交易会、中国农民丰收节等大型活动上设立扶贫展区，指导全国50多家大型农产品批发市场设立贫困地区农产品销售专区，推动京东商城等电商平台专门开设扶贫专馆，建立长期、稳定产销渠道。

二是育品牌。将贫困地区的区域公用品牌、产品品牌优先纳入中国农业品牌目录，支持贫困地区认证绿色、有机和地理标志农产品，开通绿色通道，缩短认证时间，减免相关费用。目前贫困县登记农产品地理标志800多个，认证绿色和有机农产品1.1万个，比2012年增长4倍多，市场竞争力、影响力都明显提升。

三是补短板。大力实施信息进村入户工程，建立了农产品产销对接公益服务平台，这个平台现在做得越来越大、越来越好，提升了贫困地区涉

农信息综合服务水平。启动了农产品仓储保鲜冷链物流设施建设工程并向贫困地区倾斜，对贫困地区的合作社、家庭农场补助比例提升到50%。支持建设田头预冷、冷藏保鲜等产地设施，为鲜活农产品错峰销售、减损增值提供条件。

年初突发新冠肺炎疫情，大家当时对贫困地区农产品滞销问题都非常关心。疫情也给当时的产业扶贫带来了一定困难，特别是在春节前后到3月份期间，一些地方扶贫产品卖不出去。这时候，农业农村部会同有关部门以及各个地方，专门印发“做好疫情防控期间贫困地区农产品销售”等文件，提出了一系列措施，开通了热线电话，实时调度贫困地区产品滞销情况，同时开设网上专区进行有效对接，在线上线下举办了多场产销对接活动，累计帮助销售贫困地区农产品167亿元。针对湖北农产品“卖难”问题，组织开展应急促销活动。经调度，全年贫困地区农产品销售总体顺畅，没有出现区域性的、面积较大的扶贫产品滞销“卖难”的情况，2020年的销售情况总体是好的。

下一步，农业农村部将继续把产销对接作为推动脱贫地区特色产业发展的关键举措，坚持市场导向，拓展渠道，创新方式，建立长效机制，促进产业持续增效、农民持续增收。谢谢。

中央广播电视总台央视记者：

产业扶贫政策的覆盖领域广，涉及部门多，各地情况千差万别。请问，农业农村部如何统筹推进这项工作？在这一过程中，有哪些经验值得总结？谢谢。

刘焕鑫：

产业扶贫是脱贫攻坚的重点任务。农业农村部作为产业扶贫的牵头部门，积极会同有关部门，创新工作思路，坚持精准施策，强化工作落实，指导和推动产业扶贫工作向纵深发展，指导贫困地区走出一条各具特色、符合实际的产业发展之路。主要做了4个方面的工作。

一是加强统筹指导。出台贫困地区发展特色产业促进精准脱贫的意见、产业扶贫三年攻坚行动意见等政策文件，召开了3次全国产业扶贫工作会议，明确产业扶贫重点任务，落实到村到户精准帮扶举措，指导中西部22个省份和832个贫困县全部编制产业扶贫规划，推动各地科学确定产业、精准设计项目，实现了产业对人、人对产业。

二是强化政策创设。围绕财政投入、金融信贷、特色保险等方面，协调推动出台了一系列含金量大、精准度高的政策举措。中央财政专项扶贫资金和涉农整合资金都加大对产业扶贫的投入，用于产业发展的比例超过40%。支持贫困群众发展生产的扶贫小额信贷累计发放6 800多亿元。将贫困因素作为农业生产发展等资金的测算分配因素，高标准农田、国家现代农业产业园、农业产业强镇等项目都向贫困地区倾斜。

三是坚持典型引路。总结洛川苹果、赣南脐橙、定西马铃薯3个产业扶贫范例，得到中央领导同志的充分肯定，并要求总结和推广更多的产业扶贫好典型和范例。农业农村部又遴选、推介了2批32个全国产业扶贫典型范例，举办了12场产业扶贫现场观摩会，为贫困地区推进产业扶贫工作提供了重要参考，发挥了示范作用。近期，我们从中精选了产业扶贫十大范例，带到了现场，希望大家帮助我们宣传、推介。这些范例在实际工作中发挥了很好的作用，对群众也是手把手地教。

四是聚焦深贫地区。把“三区三州”作为产业扶贫的工作重点，每年制定专项方案，实施特色农产品营销、科技人才服务等六大帮扶行动。2020年，落实中央挂牌督战要求，专门召开“三区三州”和52个未摘帽县产业扶贫工作会，为52个未摘帽县的267个特色产业逐一组建技术顾问团队，加大倾斜支持，确保如期完成产业扶贫目标任务。2020年是脱贫攻坚最关键的一年，要确保产品产得好，同时还要确保能销出去。因为农业受自然、病虫害的影响较大，所以在技术方面发挥保障至关重要。下一步要谋划“十四五”发展，技术团队派过去以后，为特色产业的可持续发展发挥了非常好的作用。

产业扶贫之所以能够取得重大成就，我们总结，主要得益于“五个坚持”：一是坚持以习近平新时代中国特色社会主义思想为指导；二是坚持精准扶贫、精准脱贫方略，因地制宜精准施策；三是坚持遵循产业发展规律、保持产业发展定力；四是坚持全党全社会众志成城、各方面协同发力；五是坚持贫困群众主体地位、尊重基层创新创造。这些经验，我们将在下一步巩固产业扶贫成果、推进乡村全面振兴中继续坚持和发展，为乡村全面振兴、加快农业农村现代化提供源源不断的强大动力。

我就回答到这里。谢谢！

农视网记者：

作为曾经的贫困县，咸丰县是如何推动产业扶贫的？现在效果如何？

刘焕鑫：

湖北咸丰县是农业农村部的定点扶贫县，定点扶贫到2020年，已经搞了34年，取得成效最显著的是，党的十八大以来，特别是实施脱贫攻坚这5年，咸丰县发生了巨大变化。2020年疫情期间，我特意到咸丰去，也和咸丰进行了连线，感到咸丰的脱贫攻坚工作在全国也是走在前列，工作抓得很实，成效很明显。下面请咸丰县委书记郑东来同志回答这个问题。

郑东来：

咸丰县是农业农村部定点帮扶34年的一个贫困县，34年来，咸丰县完成了从极度贫困到解决温饱，再到迈入小康的3次历史性跨越。党的十八大以来，农业农村部加大对咸丰定点帮扶的力度，把产业扶贫作为脱贫攻坚的根本之策来抓，帮助制定了产业扶贫规划，系统推进产业扶贫工作，取得了显著成效。到2019年，全县14.9万贫困人口全部脱贫，66个重点贫困村全部出列，已实现整县脱贫摘帽。在产业扶贫实践中主要抓了“六化”。

一是基地规模化。因地制宜按照高、中、低海拔分区，长、中、短产业结合，发展起了以茶叶、林果、中药材、蔬菜为主的特色产业110万亩，年出栏生猪60万头，这些产业覆盖了4.8万户、14.89万贫困人口，使咸丰成为“中国茶叶百强县”、全国优质农产品原料基地县和湖北生猪调度大县。

二是加工工业化。按照产业链的要求，把农产品的工业化作为重中之重，培育和招引农产品加工企业108家，年产值在30亿元以上。

三是产品品牌化。把全县原来100多个杂牌商标整合在“唐崖”公用品牌下，唐崖土司城遗址是世界文化遗产，形成了“唐崖茶”“唐崖米”“唐崖果”“唐崖蜜”等10多个系列产品，“唐崖”系列产品年销售额在12亿元以上。

四是发展融合化。推动农工融合、农商融合、农旅融合，作坊变工厂、茶区变景区、民房变民宿、店销变网销，3家AAAA级景区和50个美丽乡村带动了846家民宿和农家乐，电商体系263个村全覆盖，直接或间接带动1.8万贫困人口就业。咸丰成为全国休闲农业与乡村旅游示范县、湖北旅游强县和全国电子商务进农村综合示范县。

五是利益联结化。形成“市场主体+贫困户+村集体”的利益联结，企业有利润，农民有“三金”，集体经济有收入，把三方利益绑在产业链上形成紧密利益共同体。

六是投入多元化。在产业扶贫过程中制定了《咸丰县支持农业产业发展十条意见》，对农业主体实施财政奖补、金融支持、土地保障和项目支持。对贫困户实行差异化补贴，设立7 500万元风险补偿金，农业产业形成了政府奖、主体投、银行贷、平台撬等多元投资格局。精准脱贫这5年，我们财政整合了6.5亿元资金，发放扶贫贷款4.5亿元，吸引市场主体投入农业13亿元，形成了多元投入格局。

下一步，我们将进一步提升“六化”水平，做好精准脱贫与乡村振兴的产业衔接，为乡村振兴作出“产业兴旺”的新贡献。谢谢。

海报新闻记者：

有一些地方在产业发展方面存在同质化竞争现象。请问，在指导贫困地区选择特色产业推进脱贫方面，我们有哪些好的经验和做法？谢谢。

刘焕鑫：

这个问题是大家非常关注的一个问题，不仅媒体朋友关注，社会各界也关注。因为产业发展到一定程度，会不会出现过剩，是不是都搞同一种产品，直接影响产业发展成效。如何解决这个问题，农业农村部一直在研究。这个问题请农业农村部总经济师魏百刚回答。

魏百刚：

贫困地区大多生物资源丰富、生态环境优良，发展特色产业有得天独厚的优势。如何把这些资源优势转化成产业优势、经济优势，就像刚才您讲的，要避免同质化竞争。这确实是大家一直以来非常关心的一个问题，有很多学者也发表了相关文章。针对这些问题，农业农村部一直高度重视，这两年重点在3个方面下功夫。

一是编好规划、选准产业。我们组织中西部22个扶贫任务重的省份和832个贫困县，每个省、每个县都编制了产业扶贫规划，指导各地立足资源禀赋，因地制宜选准、确定好扶贫的主导产业，力争在产业选择的开始，就能够实现差异化竞争和错位发展。2020年年初，农业农村部又继续组织832个贫困县对扶贫主导产业进行系统化梳理，形成了两大厚本报告。组织产业技术体系专家对扶贫面广、带贫人数多、增收效果好、排在前18位的主导产业，逐一编制了产业发展指引，指导各地进一步完善产业规划、优化发展方向，做大、做强、做精扶贫主导产业。

二是发展加工、延长链条。贫困地区产业发展起步晚，同质化往往体现在卖“原字号”农产品。在种植阶段，你也产黄金梨，我也产黄金梨；你发展大枣，我那边也种大枣。发展农产品加工业，能够有效促进农产品的转化增值，拓宽市场空间。各地原料有差异，但都是优质的，加工出来不同的产品、不同的品牌，转化增值的程度就不一样。这几年，农业农村部积极创造条件，引导加工企业到贫困县、贫困村建立加工基地，农产品产地初加工、农业产业强镇、优势特色产业集群等农业方面的生产项目向贫困地区倾斜，支持贫困县大力发展农产品初加工、精深加工和农业产品综合利用。像生产核桃的地方发展核桃油，种葡萄的地方发展各种葡萄酒，如红葡萄酒、白葡萄酒，养牛羊的地方发展屠宰和牛羊肉食品加工等。832个贫困县累计建设农产品初加工设施4.3万座，新增初加工能力828.8万吨。通过发展农产品加工，既避免了卖原料的低水平同质竞争，也创造了更多的产业增值收益和就业岗位。

三是突出特色、打造品牌。贫困地区发展产业要突出特色，做好品牌文章。在产业扶贫过程中，农业农村部支持广大贫困地区打造区域公用品牌、企业品牌和产品品牌。11月份，农业农村部组织第十八届中国国际农产品交易会，其中很重要的一个活动就是推介贫困地区农产品的品牌。支持开展绿色、有机、地理标志农产品认证，缩短认证周期，并要求减免相关费用。832个贫困县累计认证“两品一标”农产品1.2万个，发展了一批“独一份”“特中特”“好中优”“错峰头”的农产品。很多地方的农产品是“独一份”，比如云南怒江草果，可能就是那个地方的“独一份”。在“独一份”的基础上

“特中特”，即特色农产品的特点更加鲜明、更突出，在这个基础上更好的就是“好中优”。同时“错峰头”就是错季节销售。像西北地区的定西马铃薯、云南花卉、湘西猕猴桃、南疆葡萄红枣、宁夏滩羊、怒江草果等，知名度都越来越高，打造出了区域品牌。有些品牌也越来越亮，市场销路很好，有效带动贫困群众稳定增收。

下一步，特色产业发展避免同质化方面的工作，我们还要继续做好。

中国日报社记者：

云南省作为脱贫攻坚主战场，在产业扶贫方面做了哪些工作？脱贫成效如何？谢谢。

刘焕鑫：

云南省委、省政府高度重视产业扶贫工作，采取了许多超常规举措来抓产业扶贫，在全国来看，在产业扶贫方面积累了经验、探索了路子，使产业扶贫在脱贫攻坚中发挥了很好的作用。这个问题请云南省农业农村厅厅长谢晖同志回答。

谢晖：

现在我把云南脱贫攻坚，特别是产业扶贫的有关情况给大家介绍一下。云南是一个美丽的地方，被誉为“诗的远方”“梦的故乡”，由于贫困面广、贫困程度深、脱贫难度大，是全国脱贫攻坚的主战场之一，加之全省面积94%是山区，产业扶贫的特殊性、复杂性、艰巨性显得尤为突出。为破解长期以来的发展瓶颈，云南省委、省政府将产业扶贫作为脱贫攻坚治本之策，在农业农村部的有力指导帮助下，经过5年的不懈努力，全省培育形成了26个扶贫主导产业，覆盖贫困户168.53万户，“县县有主导产业、村村有产业基地、户户有增收项目”的产业扶贫格局基本形成。2019年，全省贫困地区农村居民人均可支配收入由2015年的7 070元增加到10 771元，首次突破万元大关，其中来自产业的经营性收入占比达46.7%；2020年以来，贫困地区农民的收入持续稳定增长，前三季度贫困地区农村居民人均可支配收入达7 606元，同比增长8.1%，为如期打赢全省的脱贫攻坚战、实现高质量脱贫提供了有力产业支撑。工作上的重点是打好“四张牌”。

一是打好“政策支撑牌”。出台产业扶贫指导意见、考核办法、龙头企业投资奖补办法等政策文件。近年来，全省各级财政每年投入产业扶贫项目资金保持在100亿元以上，有力保障了产业扶贫工作的开展。

二是打好“绿色食品牌”。聚焦云南比较有特色的茶叶、花卉等重点产业，围绕“抓有机、创名牌、育龙头、拓市场、建平台、解难题”6项措施，大力开展“一县一业”创建，28个贫困县进入全省的“一县一业”创建行列，占全省创建总数的70%，全省有机茶的认证面积、认证数量位居全国第一，绿色食品产业实现贫困县全覆盖，实现了一户多业、多渠道增收。

三是打好“主体带动牌”。全面加强带贫龙头企业、合作社、家庭农场等各类新型主体的扶持培育，创新推广了龙头企业绑定合作社、合作社绑定贫困户的“双绑”模式，培育出各类带贫的新型经营主体2.85万个，促进贫困群众持续稳定增收。

四是打好“指导服务牌”。加强技术指导，组织全省农业科技专家组成专家服务组436个，遴选、聘用产业发展指导员2.86万人，实现对贫困县、贫困村农业技术服务全覆盖。强化产销服务，昭通苹果、怒江草果、西盟中蜂蜜、勐海茶叶等一大批扶贫产品的市场知名度和影响力快速上升，赢得了国内外采购商、广大消费者的认可和青睐。

下一步，我们将巩固产业扶贫成果，加强扶贫产业的长期培育，在提质增效、高质量发展方面加大措施力度。同时，推动工业、旅游业、电商等产业联动发展，构建产业融合发展新格局，让扶贫产业在乡村振兴中焕发出新的活力，结出更加丰硕的果实。谢谢。

经济日报社记者：

近几年，我们看到贫困地区特色产业确实取得了非常好的发展成绩，同时，很多地方产业发展水平参差不齐，有些还不是很高。习近平总书记指出，脱贫摘帽不是终点，而是新生活、新奋斗的起点。下一步，农业农村部在推动脱贫地区特色产业持续发展方面，将推出哪些举措和办法？谢谢。

刘焕鑫：

这位记者提的问题很好。我们在看到产业扶贫取得成效、贫困地区产业得到发展的同时，也看到一些产业发展水平还不高。对于脱贫攻坚后特色产业如何持续发展，农业农村部进行了认真研究。在2020年决战决胜脱贫攻坚座谈会上，习近平总书记强调，种养业发展有自己的规律，周期较长，要注重长期培育和支持。当前，扶贫产业总体还处于培育成长期，整体发展水平还不高，可持续发展能力还不强。产业发展中存在的困难和问题大多是长期性的，由于产业发展与脱贫攻坚周期不一致，很多问题在攻坚期内不可能毕其功于一役，需要纳入实施乡村振兴战略统一考虑，创造条件、分阶段逐步解决。

党的十九届五中全会要求，要实现巩固拓展脱贫攻坚成果同乡村振兴有效衔接，推动特色产业可持续发展。下一步，我们将重点从5个方面着力。

一是抓规划引领。组织脱贫地区制定“十四五”特色产业发展规划，突出特色和全产业链开发，实施特色种养业提升行动，扶持发展农产品加工业和乡村服务业，加快推进产业链现代化。

二是抓政策扶持。严格落实“四个不摘”要求，将产业扶贫帮扶资源有序转到乡村产业振兴。推进现有扶贫专项资金和涉农资金整合，主要支持产业发展，稳定并完善小额信贷政策，加快发展特色农产品保险，保障产业用地需要，为脱贫地区产业发展营造更好的环境。

三是抓产品销售。广泛开展产销对接活动，打造特色农产品区域公用品牌、企业品牌和产品品牌，加快建设田头市场、仓储保鲜、冷链物流等设施，推动农产品流通企业、电商、批发市场与脱贫地区建立稳定的产销关系。刚才，咸丰县的郑书记在介绍中讲到“唐崖”这个公用品牌，我们提倡搞公用品牌，我上次到咸丰县也了解到，当地对公用品牌的管理是很严格的。“唐崖”这个公用品牌，县里有专人维护，只有达到条件了才可以使用，并且要进行监管。在公用品牌之下，企业可以搞企业自己的品牌。品牌对农产品销售的推动作用是很大的，品牌管理也是很严格的，所以公用品牌能够增加产品的信誉度。

四是抓主体培育。在资金项目、金融保险、用地用电、人才培养等方面加大扶持力度，支持龙头企业、农民合作社、家庭农场高质量发展，健全农业专业化、社会化服务体系。将扶持政策与联农带农效果挂钩，推动各类主体更好地带动脱贫户、小农户发展现代农业。

五是抓科技服务。积极组织全国农业科技单位和产业技术体系专家开展产业帮扶，稳定产业技术专家组队伍，扩大特聘农技员计划实施范围，将产业发展指导员转为乡村振兴指导员，加强高素质农民和农村实用人才培养，为脱贫地区打造一支不走的科技帮扶队伍。

下一步，农业农村部将按照党中央、国务院部署要求，加大对特色产业，特别是脱贫地区特色产业发展的支持力度，巩固脱贫成果，推动乡村全面振兴。

寿小丽：

谢谢刘焕鑫副部长，谢谢各位发布人，非常感谢两位远道而来的发布人，谢谢各位记者朋友。今天的新闻发布会就到这里。

5.《关于切实做好长江流域禁捕有关工作的通知》政策例行吹风会

一、基本情况

《关于切实做好长江流域禁捕有关工作的通知》政策例行吹风会

时　间	2020年7月15日（星期三）上午10时	
地　点	国务院新闻办公室新闻发布厅	
主　题	解读《关于切实做好长江流域禁捕有关工作的通知》	
发布人	农业农村部副部长	于康震
	公安部治安局局长	李京生
	国家市场监督管理总局执法稽查局局长	燕　军
	人力资源和社会保障部就业促进司副司长	宋　鑫
	农业农村部长江流域渔政监督管理办公室主任	马　毅
主持人	国务院新闻办公室新闻局副局长	寿小丽

二、现场实录

寿小丽：

女士们、先生们，大家上午好，欢迎出席国务院政策例行吹风会。近期，国务院办公厅印发了《关于切实做好长江流域禁捕有关工作的通知》。今天我们特别请来了农业农村部副部长于康震先生，请他为大家介绍有关情况。出席今天发布会的还有公安部治安局局长李京生先生，国家市场监督管理总局执法稽查局局长燕军先生，人力资源和社会保障部就业促进司副司长宋鑫先生，农业农村部长江流域渔政监督管理办公室主任马毅先生。下面，先请于康震先生作介绍。

于康震：

女士们、先生们，媒体朋友们，大家上午好。首先，感谢大家对长江流域禁捕退捕以及渔民安置保障工作的关心和支持。实施长江流域重点水域禁捕，引导渔民退捕转产，是以习近平同志为核心的党中央从中华民族长远利益出发作出的重大决策，是扭转长江生态环境恶化趋势的关键举措。这项工作涉及约11万艘合法持证捕捞渔船的有序退捕，关系到约23万捕捞渔民的转产安置保障，可以说力度空前、举世罕见。根据中央总体部署，2020年1月1日起，长江流域332个水生生物保护区已经按期实现全面禁捕，从2021年1月1日起，长江流域重点水域将实行为期10年的禁捕。2019年以来，农业农村部、财政部、人力资源和社会保障部会同沿江省份，制定实施方案，强化政策措施，建立协调机制，稳步推进渔船退捕和渔民安置保障等工作，取得了阶段性成效。目前，各地已累计退捕渔船近8万艘，渔民近10万人，上海、江西、云南等省份已提前完成退捕或将退捕渔船提前封存。但是，各省份工作进展还不平衡，一些地方在建档立卡、渔船退捕处置、渔民转产安置、执法监督管理等方面还存在一定差距，有的地方非法捕捞问题还比较突出，出现了团伙化、链条化苗头，按期完成任务还面临着很大压力。在此背景下，近日国务院办公厅印发了《关于切实做好长江流域禁捕有关工作的通知》（简称《通知》），并转发了农业农村部、公安部、市场监管总局（全称国家市场监督管理总局）分别牵头制定的3个实施方案。《通知》主要提出了6个方面的要求，明确了一系列含金量高、操作性强的政策举措，目标更加明确，任务更加具体，措施更加有力。

一是提高政治站位。要求把长江禁捕退捕工作作为当前重大政治任务，坚持中央统筹，省负总责，市、县抓落实的工作体制，组建工作专班，集中攻坚。

二是强化转产安置。精准识别退捕渔船渔民，按规定纳入社会保障制度，制定有针对性的转产安置方案，实行分类施策、精准帮扶。

三是加大投入力度。要求地方兜底保障禁捕退捕资金需求，统筹使用相关资金，合理确定本省的补助标准；加快配备禁捕执法装备设施，提升执法能力。

四是开展专项整治行动。公安部、农业农村部牵头成立工作专班，各地成立由公安、农业农村部门牵头，多部门参与的联合指挥部，对重大案件挂牌督办，加强行刑衔接。

五是加大市场清查力度。各级市场监管部门组织开展专项行动，加强禁捕水域周边区域管理，禁止非法渔获物上市交易，斩断非法地下产业链、利益链。

六是加强考核检查。把长江禁捕工作纳入地方政府绩效考核和河湖长制等考核体系。建立定期通报和约谈制度，对工作推进不力、责任落实不到位、弄虚作假的，依法依规问责追责。

下一步，农业农村部将切实履行牵头抓总职责，会同有关部门和沿江省份认真贯彻习近平总书记重要指示批示精神，坚决落实国务院电视电话会议安排部署，逐级压实地方党委政府的主体责任，加快完善建档立卡和退捕渔船处置等工作，积极配合人力资源和社会保障部做好退捕渔民转产就业和社会保障工作，积极配合公安部、市场监管总局开展打击非法捕捞专项整治和打击市场销售非法渔获物的专项行动，确保按期实现长江流域重点水域常年禁捕，确保退捕渔民生计得到妥善安置保障，确保禁捕退捕工作取得扎实成效。总体情况我就简单介绍这么多。下面，我和我的同事们愿意回答大家的提问。谢谢。

寿小丽：

下面开始提问，提问前请通报所在的新闻机构。

中央广播电视总台央视记者：

去年农业农村部、财政部、人力资源和社会保障部出台了禁捕实施方案，今年国务院又专门印发了通知和3个加强版方案，要求做好长江禁捕有关工作。请问，国家为什么如此重视这项工作？谢谢。

于康震：

谢谢你的提问。看来你对长江禁捕这件事情一直很关注，非常感谢。实施长江流域重点水域禁捕，引导渔民退捕转产上岸，是扭转长江生态环境恶化趋势的一个重要举措。这项工作涉及渔民、渔船多，覆盖区域范围广，是我国生态资源保护史上前所未有的伟大工程。党中央、国务院高度重视，作出全面部署，为我们扎实推进这项工作提供了根本遵循，指明了方向要求。国家之所以如此重视这项工作，我想有以下3个方面的主要原因。

一是保护长江生态环境的必然要求。长江是我国第一大河，拥有独特的生态系统，孕育了丰富的生物资源，是我国生物多样性最为典型的区域。近年来，受各种高强度人类活动的影响，长江水域的生态功能显著退化，珍稀特有鱼类全面衰退，经济鱼类资源量接近枯竭，保护形势十分严峻。当前，受经济科技水平和社会发展阶段的限制，许多影响长江生态环境的因素在短期内还难以彻底消除，有的还将长期存在。所以，当务之急是通过补偿政策引导渔民放弃传统的捕捞权益，减少对渔业资源的竞争性过度捕捞，延缓长江渔业资源急剧衰退趋势；甚至，我们还想要扭转这种衰退趋势，促进它的恢复修复，为长江生态环境留出休养生息的时间和空间。

二是落实中央系列决策部署重大举措。习近平总书记两次视察长江经济带，指出“长江病了，而且病得还不轻”，强调“长江生物完整性指数到了最差的‘无鱼’等级”，要求“把修复长江生态环境摆在压倒性位置，共抓大保护、不搞大开发”。2017—2020年，每年的中央一号文件都对长江禁捕工作提出明确要求，2018年，国务院出台《关于加强长江水生生物保护工作的意见》，明确了具体目标任务。应当说，实施长江禁捕退捕，是党中央、国务院为全局计、为子孙谋，审时度势、因势利导作出的重大决策部署，彰显了我们党对中华民族永续发展生态基础高度负责的执政理念，是我们必须全力抓实抓好的一项政治任务。

三是推动渔民生计长远发展的有效途径。长江流域渔业资源曾经极为丰富，历来盛产多种经济鱼类，最高的时候曾经占当时全国淡水捕捞总产量的60%。近年来，长江水域生态环境持续恶化，已经基本丧失捕捞生产价值。我这里有一个数据，刚才说最高峰的时候长江流域渔业捕捞量占全国淡水渔业总产量的60%，现在全国每年水产品总量是6 300多万吨，长江不到10万吨。所以说，长江流域已经基本丧失了渔业生产的意义、价值，不到10万吨与6 000多万吨比起来，是微不足道的。这就是我们说的，已经基本丧失捕捞生产价值，资源越捕越少、生态越捕越糟、渔民越捕越穷，已经成为社会共识。实施长江禁捕退捕，既是破解长江流域水生生物资源严重衰退、生物多样性不断减少的生态困境的客观要求，也是打破原来“一家一户”分散的竞争式捕捞导致“公地悲剧”，改变渔民“下水无鱼、上岸无地”生计困境的有效途径，这也是为了渔民的长远利益考虑。综上所述，长江禁捕退捕是扭转长江生态环境恶化趋势的一项关键举措，是落实“共抓大保护、不搞大开发”的重要突破口和工作着力点，对推动长江大保护和长江经济带绿色发展具有重大意义。为此，我们制定了暂定为期10年的长江禁渔方案。这个方案我用两句话来描述：在332个保护区已经于2020年1月1日起率先全面禁捕的基础上，2020年年底前全面完成退捕任务，做好退捕渔民的安置保障，确保2021年1月1日起长江干流和重要支流以及大型通江湖泊等重点水域实行10年禁捕，坚决打赢长江禁捕退捕攻坚战。我就回答到这儿。谢谢。

中国日报社记者：

我们知道，退捕渔民上岸后面临着转产就业的问题，而且他们大多年龄偏大、技术单一，请问人力资源和社会保障部门将会通过哪些渠道实现退捕渔民的上岸就业？谢谢。

宋鑫：

长江流域“十年禁渔”是以习近平同志为核心的党中央为全局计、为子孙谋而作出的重大决策。抓好退捕渔民安置工作，让他们走上岸、立住脚，是做好禁捕工作的重要内容。就像这位记者所说的，目前看，大部分渔民年龄偏大、技能相对单一，加上新冠肺炎疫情影响，他们转产就业的难度不小，我们也确实感同身受。各级人力资源和社会保障部门将坚决贯彻党中央、国务院决策部署，按照国办最新印发的文件要求，坚持分类施策、精准帮扶，切实抓好退捕渔民的就业安置工作。从就业渠道上讲，可以概括为“四个一批”。

一是发展产业安置一批。依托沿江沿湖资源生态优势，发挥这些退捕渔民水产捕捞等技术专长，大力发展稻鱼综合种养、池塘养鱼、水产品加工、休闲渔业等涉渔产业，增加产业就业空间。同时，采取市场化运作方式，在适宜的湖区、库区统一开展生态保护修复，吸纳退捕渔民参与资源养护。

二是务工就业安置一批。充分发掘农业生产、工程建设、企业吸纳、扶贫车间等就地、就近就业渠道，对有转产就业意愿的退捕渔民，加大岗位推送、职业介绍、职业指导力度，大规模开展职业培训，提升退捕渔民就业能力，帮助他们尽快实现转产就业。

三是支持创业安置一批。对有意愿在渔业等领域创业的退捕渔民，开展创业培训、创业指导和跟踪服务，也支持各地设立一批富有特色的渔业创业孵化基地，对退捕渔民首次创业且正常经营一定期限的，按规定给予一次性创业补贴，对于自筹资金不足的，指导地方及时落实创业担保贷款政策。

四是兜底帮扶安置一批。对一些大龄、长期未就业的退捕渔民，及时认定为就业困难人员，提供“一对一”的援助服务和针对性政策帮扶，对通过市场渠道确实难以就业的，统筹退捕渔民安置工作和禁捕监管任务需求，通过政府购买服务等方式，引导退捕渔民参与巡查监督工作。

下一步，我们将会同农业农村、发展改革和财政部门一起，将退捕渔民安置工作作为重大政治任务，坚持多措并举，强化政策落实，努力帮助退捕渔民上岸就业，让退捕渔民能够通过自己的劳动，开启新的幸福生活。谢谢。

中国新闻社记者：

我们注意到，《通知》中提到，针对长江流域重点水域非法捕捞屡禁不止等问题将开展为期1年的专项打击整治行动，请问具体采取了哪些措施来打击非法捕捞行为？谢谢。

李京生：

谢谢。为了认真贯彻习近平总书记的重要指示精神，按照党中央和国务院的重要决策部署，公安部和农业农村部牵头制定了工作方案，组织开展为期1年的打击长江流域非法捕捞专项整治行动，具体措施有4个方面。

一是坚持“以打开路”，坚决斩断非法捕捞的黑色链条。聚焦重点水域和时段，依法严厉打击“电毒炸”“绝户网”等非法作业方式捕捞和经营利用国家重点保护水生野生动物，跨区作业和生产性垂钓作业等行为，聚焦生产厂家、电商平台、渔具销售的店铺等市场主体，依法严厉打击制造和销售禁用渔网具，以及发布非法信息等违法行为，取缔制造工具的黑窝点、黑作坊，聚焦水产品交易市场、涉渔餐饮场所等市场主体，依法依规严厉打击收购、加工、销售、利用非法渔获物等行为，集中治理整顿涉渔的“三无”船舶和大马力快艇，对查获的涉渔“三无”船舶依法没收、拆解和处置。

二是全面组织发动，努力营造良好的工作氛围。在地方党委和政府的统一领导下，对退捕渔民逐一上门走访，开展法制宣传教育，实行有奖举报制度，鼓励群众积极提供涉渔的违法犯罪线索，建立健全渔业资源和水生生物鉴定及损害评估程序机制，依法追究违法犯罪行为人渔业资源及生态环境的损害赔偿等责任。综合运用法律、经济与政策手段，依法依规完善政策性补贴、退捕安置政策与个人的违法违规记录挂钩机制。坚持正确的舆论导向，强化警示教育作用，营造“不敢捕、不能捕、不想捕”的社会舆论氛围。

三是加强协作配合，形成整体工作合力。在专项整治行动中，各地公安、农业农村、发展改革、交通运输、水利、市场监管、林草、网信等部门，既各司其职，又通力配合，打破部门界限、地域界限，建立、完善联合执法、联合办案、异地协查等执法协作机制，强化行政执法与刑事司法的衔接，不断提升执法水平和能力。统筹用好各方执法力量，在重点水域、重点时段开展区域间的联合执法，确保监管覆盖面和违法查处率，对专项整治行动中发现的问题和不足，及时通报相关部门，推动采取有效措施，完善源头监管，切实形成工作合力。

四是强化督导落实，确保专项整治行动取得实效。建立横向到边、纵向到底的监管执法网络，将执法成效纳入市、县政府绩效及河长制、湖长制的考核体系，制定执法考核办法，并将考核结果与执法单位和人员的奖惩相挂钩，专项整治行动扎实有效开展。加强执法督查和暗访检查，实时通报行动落实情况，对发现的问题督促整改，对重大案件挂牌督办，对执法不力、问题突出的部门进行通报批评、追责问责，对在专项行动中成绩突出的部门，按规定给予表彰奖励。谢谢。

人民日报社记者：

我们知道，实施长江禁捕退捕是一项涉及沿江10多万艘合法持证渔船、几十万捕捞渔民群众的重大政策安排。刚才部长提到，有些地方在建档立卡方面还存在一定的差距，能否介绍一下这方面的具体情况？谢谢。

于康震：

退捕渔船和渔民基础信息全面准确，是各项措施精准落实落地的前提条件，也是必要的基础。前期，我们组织沿江各省份对退捕渔船渔民情况进行了调查统计，2020年3月份，我们又组织开展了建档立卡“回头看”工作。经过抽查发现，现在有些地方还存在建档立卡不规范、对象识别不精准、公开公示不到位等问题，填报的一些渔民渔船信息数据还没有做到准确、全面，没有真正实现精准对接到船、到户、到人，所以在一定程度上影响了禁捕退捕工作的开展。基本情况不明，下边的工作没法进行。根据国务院通知要求，目前各地正在按照“以证定船、以船定人、一证一档”的原则，组织县、乡干部实行包村联户，对退捕渔船渔民进行再排查、再识别，查漏补缺，逐户确认，全面核查证书编号、作业水域、家庭情况、就业意愿等基本情况，及时按规定进行公开公示，由县、乡、村的负责人签字背书、逐级上报，对建档立卡的信息数据负责，确保在7月31日前，也就是这个月月底之前，全部录入退捕渔船信息管理系统，确保数据准确、信息全面。8月1日以后，我们将锁定各地上报的渔船渔民有关信息，这些基数都要锁定，今后将作为落实补偿资金、转产安置、社会保障、后续帮扶、验收考核等一系列工作的基本依据，做到应退尽退、应保尽保，不漏一船、不落一户。近期，我们长江禁捕退捕工作专班派出了10个督查组，由司局级干部带队，到沿江有退捕任务的10个省份进行为期1周的专项督查，协调推动和指导帮助各地能够按时保证完成建档立卡工作，为长江禁捕退捕工作打下坚实的基础。谢谢。

香港中国评论通讯社记者：

我们知道，长江流域禁捕之后，市场上会出现一些非法渔获物交易，请问将采取哪些措施对此进行监管和查处？谢谢。

燕军：

我来回答这个问题。感谢你的提问，我觉得你抓的点非常重要。禁捕之后市场销售怎么办？长江“十年禁渔”是以习近平同志为核心的党中央从战略全局高度和长远发展角度作出的重大决策，是功在当代、利在千秋的历史工程。市场监管总局对这项工作高度重视，进行了专题研究，迅速落实党中央、国务院的决策部署。一是制定了《打击市场销售长江流域非法捕捞渔获物专项行动方案》，由国务院办公厅印发到全国，国家市场监督管理总局肖亚庆局长在国务院有关工作推进电视电话会议上对这项专项行动进行了专门部署。二是成立了专项行动工作专班，由肖亚庆局长任组长，开展为期1年的专项行动。专项行动简称为“长江禁捕 打非断链”专项行动，就是通过对销售环节的打击工作，斩断销售长江流域非法捕捞渔获物的黑色产业链。三是召开全国市场监管部门工作推进会，对这项行动进行再动员、再部署，确保行动落实落细，取得实效。四是制定了实施方案，印发到全国市场监管部门，进一步细化监管措施，指导全国市场监管部门精准监管、精准打击。五是今天下午要发布市场监管总局“长江禁捕 打非断链”专项行动公告，从8个方面严禁市场的违法销售行为，进一步加大市场监管执法的力度。

具体来说，将从5个方面采取措施：一是加强对生产企业的监管。以水产制品生产企业、水产品加工小作坊为重点，加强生产、加工环节的日常监管和检查力度。二是加强市场销售的监管。在全国范围内开展水产品专项市场排查，以农产品批发市场、农贸市场、商超、餐饮单位为重点，加大市场排查和监督检查力度。三是加强网络市场的监管。督促电商平台进一步完善平台治理规则，及时采取相关措施，进行下架信息、终止平台服务等处置。四是加强广告监管。对属于依法禁止出售、购买、利用的野生动物及其制品，以及依法禁止使用的捕捞工具，一律禁止发布广告。五是严厉查处相关违法行为。对采购、销售、加工无法提供合法来源凭证的水产品行为，对违法出售、购买和食用长江流域珍贵、濒危水生野生动物及其制品的行为，对以长江野生鱼、长江野生江鲜等为噱头的营销行为，对发布涉及非法捕捞渔获物的违法广告行为，一经发现，一律从严、从重、从快予以查处。在这个专项行动中，我们还加强和农业农村部、公安部等有关部门的协同配合，形成齐抓共管的合力，强化全国“一盘棋”的跨区域执法协作，铲除非法捕捞等违法行为滋生的土壤，彻底斩断市场销售产业链，让这些非法捕捞的渔获物无处可卖、无人敢买，让违法捕捞行为无利可图，坚决打赢“长江禁捕 打非断链”这项专项行动的攻坚战。谢谢。

经济日报社记者：

媒体多次对长江水域出现的电鱼等非法捕捞行为进行曝光，社会对此非常关注。请问，农业农村部如何加强日常执法监管，严厉打击非法捕捞行为，以确保如期实现禁捕目标任务？谢谢。

马毅：

长江重点水域实行常年禁捕，涉及的区域范围广、持续时间长，应该说在人类历史上是前所未有的。面对这样一种新形势、新要求，2020年年初，农业农村部出台了《关于加强长江流域禁捕执法管理的意见》，要求加强长江禁捕执法能力建设，健全多部门、跨区域联合执法工作机制，加强常态化的执法监管，构建长效监管机制，维护禁捕管理秩序。具体包括以下几个措施。

一是提升执法监管能力。沿江、沿湖有执法监管任务的县（市、区）要切实加强渔政执法队伍和能力建设，保障执法人员和经费。在中央层面，加强重点水域和交界水域的执法能力部署，建立健全长江流域渔政执法管理和指挥调度系统平台。沿江各地要根据禁捕后的实际管理需求，紧急配置一批渔政执法船艇、无人机、雷达光电视频监控等执法装备设施。

二是建立协助巡护队伍。充分发挥退捕渔民熟悉水情、了解渔情的优势，结合执法监管的实际需求和退捕渔民安置需要，吸收条件适宜的退捕渔民建立规模适宜的巡捕队伍，协助渔业主管部门开展执法巡查、保护巡护、法规宣传等工作。

三是大力整治违法行为。强化渔政公安、交通运输、水利等部门组成的渔政特编执法船队，提升跨部门、跨地区的执法合力。针对非法捕捞多发区域和重点时段，加强日常监管，扩大监管覆盖面，维护禁捕秩序。推动完善非法捕捞定罪量刑的司法解释，强化行政执法与刑事司法衔接，对构成犯罪的要依法追究刑事责任。

四是强化社会组织动员。健全、完善渔政24小时应急值守和举报监督制度，设立全国统一的中国渔政值守电话，开设中国渔政服务平台，推动与公安110联勤联动，受理涉渔违法违规案件举报。沿江各省份也要设立有奖举报制度，发挥社会监督作用，鼓励公众对相关违法行为进行举报监督。加强休闲垂钓管理，将垂钓行为纳入渔政日常执法管理范畴，避免对禁捕管理和资源恢复产生不利影响。谢谢各位。

寿小丽：

谢谢各位记者朋友们。谢谢于部长，谢谢各位发布人。今天的国务院政策例行吹风会就到这里，大家再见。

第三部分

国务院联防联控机制新闻发布会

6.“菜篮子”稳产保供新闻发布会

一、基本情况

“菜篮子”稳产保供
新闻发布会

时　间	2020年2月18日（星期二）下午3时	
地　点	北京国二招宾馆东楼三层中会议厅	
主　题	“菜篮子”稳产保供	
发布人	农业农村部种植业管理司司长	潘文博
	农业农村部畜牧兽医局局长	杨振海
	农业农村部市场与信息化司副司长	宋丹阳
	农业农村部渔业渔政管理局副局长	江开勇
主持人	国家卫生健康委员会新闻发言人、宣传司副司长	米　锋

二、现场实录

米锋：

各位媒体朋友，大家下午好！我是国家卫生健康委（全称国家卫生健康委员会）新闻发言人、宣传司副司长米锋。欢迎来到国务院联防联控机制（全称国务院应对新型冠状病毒感染肺炎疫情联防联控机制）新闻发布会。党中央、国务院高度重视人民群众的“菜篮子”，习近平总书记要求，积极组织蔬菜等副食品生产，加强物资调配和市场供应。今天发布会的主题是：“菜篮子”稳产保供情况。我们请来了农业农村部种植业管理司司长潘文博先生、畜牧兽医局局长杨振海先生、市场与信息化司副司长宋丹阳先生、渔业渔政管理局副局长江开勇先生，就稳产保供、产品安全、饲料保障等回答媒体提问。下面进入现场提问环节，提问前请通报一下所在的新闻机构。

新华社记者：

我们知道马上就到二十四节气当中的“雨水”，现在既是疫情防控的关键阶段，也是春耕备耕的关键阶段。与此同时，中央应对新冠肺炎疫情工作领导小组（全称中央应对新型冠状病毒感染肺炎疫情工作领导小组）还有国务院常务会议都对春耕备耕提出了明确的要求，请问农业农村部在春耕备耕和疫情防控这两者之间怎么摆布的？谢谢。

潘文博：

记者朋友这个问题问得很专业。明天就是“雨水”了，受新冠肺炎疫情的影响，2020年的春耕备耕确实遇到了一些新情况、新问题，从我们调度和掌握的情况看，主要有3个问题：一是部分农资企业尚未复工复产，当前不少地区农资企业开工需要当地疫情防控指挥部的批准，加上工人、技术人员不能及时到位，企业正常的复工复产率比较低。二是农资到村到店难。总的来看，目前我们的种子、化肥、农药等农资供应总量是够的，主要问

题是这些农资的运销“最后一公里”受阻，难以进店进村，有的地方反映，农药的经营门店备货量不到往年的一半。三是正常的农事活动受到了影响，一些地方农村防疫搞“一刀切”，甚至封村堵路，禁止农民下田，也禁止农机上路，比如春茶要采摘了，蔬菜要采收了，这些农事活动都没法正常开展。当前农业用工贵、用工难问题也比较突出，影响了一些规模经营主体的正常农事活动。

农业农村部按照中央的决策部署和国务院常务会议的要求，一手抓疫情防控，一手抓春耕备耕。“立春”的第二天，也就是2月5日，就召开了春季田管视频会，下发了不误农时抓好春耕备耕的通知，有针对性地提出了8条措施，向广大农民朋友发出了公开信，动员农民防疫、春耕两不误。全国目前大部分地区还处于春耕的准备阶段，华南地区，像广东、广西，2月下旬早稻开始浸种育秧；长江流域，像湖南、湖北，3月下旬开始育秧；东北地区在“五一”劳动节前后才开始大面积播种玉米、大豆。农业生产和工业生产不一样，有一句话说得好，“人误地一时、地误人一年”，农时不等人。农业农村部将针对当前存在的问题，分类分区精准施策，按照农时农事活动，从南到北排出春耕备耕的工作安排，落实差别化防控疫情的要求，指导无疫情或者疫情较轻的地方不误农时，抓好抓紧春耕备耕，环环紧扣，一个区域一个区域地推进，一个作物一个作物地落实。同时，把化肥、农药等农资纳入国务院联防联控机制生活物资保障范围，相关企业列入复工复产重点企业名单，支持"点对点"地开工，"点对点"地运输，保障重点地区春耕备耕用肥用药的需要，全力打好防疫情、保春耕、夺小康之年农业丰收的攻坚战。谢谢。

中央广播电视总台央广记者：

我的问题关于蔬菜供应。我们在采访中发现，一些大城市的蔬菜供应存在品种和数量都不足的问题，而与此对应的是一些蔬菜的产区又存在销售难的问题。我想请问农业农村部，在压实"菜篮子"市长负责制、对接产销方面采取了哪些有力措施？谢谢。

宋丹阳：

感谢这位记者的提问。针对部分产地农产品滞销"卖难"，部分销地价格波动等问题，农业农村部重点采取了以下措施：一是压实"菜篮子"市长负责制。明确把防疫期间"菜篮子"产品供应保障作为2020年"菜篮子"市长负责制考核的重要内容，要求各地明确责任分工，逐项打通制约"菜篮子"产品

生产供应的堵点和难点。二是开展产销对接。2月17日，也就是昨天，农业农村部组织了全国农产品产销对接视频活动，促进采购主体与产区有效精准对接。三是组织批发市场积极采购滞销果蔬。截至目前，中国农产品市场协会组织多家批发市场累计采购海南冬季瓜果菜1.8万吨，广西果菜2.1万吨，中国优质农产品开发服务协会牵头成立了全国农产品产销对接公益服务联盟。武汉在市外设立了5个安全、通畅的接驳站，下一步将组织批发市场加紧采购滞销鸡蛋。四是充分运用信息化手段，促进农产品线上销售。一方面，积极搭建农产品线上平台，比如我们在官网上发布了3批农民合作社蔬菜类产品供应信息，北京市搭建了全市农产品信息对接服务平台，广东省建立了农产品“保供、稳价、安心”网络平台。另一方面，充分发挥电商企业作用，加大农产品推介销售力度，已有阿里巴巴集团、拼多多等多家电商企业开展了爱心助农活动，也取得了一定效果。还有一些情况，请潘文博司长说一下。

潘文博：

这个问题我再补充一下。农业农村部、商务部、交通运输部都是生活物资保障组的成员单位，这些单位已经联合或分别采取了一系列措施，下一步我们将加强部门配合，指导各地明确责任分工，加强协调推动，保障“菜篮子”产品的顺畅供应。一是组织主产区及时把成熟的蔬菜采收上来，针对当前蔬菜生产用工难、用工贵问题，指导各地在做好疫情防控的前提下，组织农民和各类新型经营主体开展互助合作、互换用工、错时错峰作业。同时，鼓励各地对蔬菜规模经营主体用工环节给予适当的补贴，优化务工人员管理流程，“点对点”输送务工人员。二是推动各项措施落细、落实、落到位，通过设立公开电话，畅通问题的反映渠道，广泛听取各方意见，“点对点”地调度、了解情况，及时发现存在的问题，第一时间反馈有关部门和当地政府，一个问题一个问题地推动解决，努力把蔬菜稳产保供各项政策措施落实好。谢谢。

农视网记者：

前段时间，媒体报道了部分养殖企业饲料短缺的问题，我想问一下疫情对我国的家禽业影响有多大？相关部门下一步将会采取什么样的措施稳定家禽的生产、保障禽肉的市场供应？谢谢。

杨振海：

谢谢您对家禽产业的关注。禽蛋和禽肉都是我们的必需品，我们也知道，家禽产业链比较长，产值也比较大，不论哪个环节出了问题，家禽产业都不能顺畅运行。比如这次新冠肺炎疫情发生以来，活禽交易市场关闭，饲料、禽苗、活禽运输受阻。另外，家禽屠宰企业停工停产，家禽的产品消费下降，整个家禽行业损失是非常重的。有一家企业反映，他们的损失已经超过了1亿元。当前，正值家禽补栏的关键时期，如果这种情况持续下去，可能会对二、三季度的禽肉、禽蛋市场供给带来一定的影响。

针对这种情况，我们出台了一系列的措施，刚才潘文博司长已经介绍了，特别是疏导交通方面的文件、物资保障的文件都已经印发，农业农村部将会同有关部门加大工作指导力度，加快恢复家禽正常的生产经营秩序，努力减少损失，确保家禽产品的市场供应。我们准备继续做好3件事：一是加大对家禽企业的支持。企业主体有活力，我们的产业就会很快复苏。加强信息引导，帮助养殖户恢复信心，及时补栏增养，争取将保供贡献大、行业占比高、受影响程度深、急需国家金融支持的大型、重点企业，列入国家专项贷款和贴息支持的范围。二是畅通活禽销售渠道。这个非常关键，前两天咱们的发布会已经发布，初步排除新冠肺炎病毒来源与已知家禽、家畜的关系。我们将按照依法依规、分类指导、加强管理的原则，协调有关部门实行活禽交易市场分类管理，组织屠宰企业与家禽养殖场户对接，实行集中屠宰上市，确保活禽不压栏。三是加强技术指导和服务。充分发挥行业协会和国家蛋鸡、肉鸡、水禽产业体系的技术优势，创新服务的方式方法，指导养殖场户提高饲养管理水平和生物安全防护水平，多渠道协调解决饲料短缺、种禽种苗的运输难题、禽产品销售不畅等问题，推动家禽业加快恢复，实现更好的发展。谢谢。

中央广播电视总台央视记者：

随着现在返城复工人员的规模越来越大，现在城市里对鱼、虾等水产品的需求也越来越多，请问疫情对水产品的市场影响大不大？现在水产品的供应是否充足？谢谢。

江开勇：

俗话说“年年有鱼”。水产品是“菜篮子”中的一种重要产品，疫情发生以来，农业农村部加强了对大、中城市和重点地区水产品市场情况以及主产区水产品生产情况的监测。从监测的情况来看，当前水产品产地存量充足，供应是有保障的。从市场的情况看，据我们对北京、上海、广州等城市的45家定点水产品批发市场的监测情况来看，2月1—10日，各个市场的交易量仅为往年同期的10%左右，到昨天为止，逐渐恢复到往年同期的25%左右。水产品的综合平均价格每公斤在50～60元，其中鲤鱼、草鱼等大宗淡水鱼价格每公斤在20～25元，价格基本平稳，波动不大。湖北省农业农村部门积极协调城市周边的规模养殖场直供超市，水产品的供应有保障，价格和疫情发生以前相比变化不大。从供应的情况来看，当前国内水产品存量是能够满足消费需求的。据我们监测调度，山东、福建、湖北、广东等12个生产大省份目前存塘的水产品有近500万吨。接下来随着运输和销售的进一步畅通，更多的水产品将进入市场，满足老百姓的需求。谢谢。

农民日报社融媒体记者：

疫情发生以来，一些老百姓出现了一些恐慌情绪，总想着囤一些米、面、油，请问到目前看来，农产品市场的整体运行情况是怎么样的？未来会不会出现疫情造成价格上涨的情况？谢谢。

宋丹阳：

感谢这位记者的提问。新冠肺炎疫情发生后，农业农村部第一时间加强了农产品市场运行监测工作，启动了“菜篮子”产品价格日报制度，重点调度了武汉等地市场动态。从全国的情况来看，重点“菜篮子”产品市场供给总体充足，市场运行基本平稳，市场价格有涨有跌。春节以来，猪肉批发均价小幅上涨后稳定在每公斤50元左右，2月17日，也就是昨天，全国批发市场猪肉均价为每公斤50.8元，比春节前涨7.6%，春节前的时间点是1月23日；蔬菜价格小幅波动，2月17日，重点监测的28种蔬菜均价为每公斤5.83元，比春节前涨7.2%；水果价格变化不大，2月17日，重点监测的6种水果批发均价为每公斤5.65元，与春节前持平略跌；鸡蛋、鸡肉价格偏弱运行，与春节前相比有所下跌。从湖北武汉情况看，蔬菜价格在2月初短暂上涨后，保持稳中略跌走势。2月14日，武汉白沙洲市场19种蔬菜均价为每公斤5.56

元，比前一交易日下跌1.8%。从存在的问题来看，受疫情影响，部分地区一些蔬菜、水果、畜禽及水产品生产流通和消费受阻，价格出现了一定的波动。农业农村部将组织地方农业农村部门引导有关协会和企业开展产销对接和营销工作，畅通流通渠道，努力将疫情影响降到最低。谢谢。

凤凰卫视记者：

根据媒体报道，今年以来，湖南邵阳和四川南充发生两起家禽高致病性禽流感疫情，请问疫情形势如何？近期食用家禽产品是否安全？这个情况会否增加新冠肺炎疫情期间家禽产品的供应难度？谢谢。

杨振海：

谢谢您对禽流感疫情防控的关注，这个问题很专业。目前，禽流感疫情随候鸟的传播，在全世界分布比较广泛，近两年世界动物卫生组织通报的就有近1 000起。我国2005年在全国实施H5亚型禽流感强制免疫，从2017年秋季起实施H7亚型强制免疫，H5、H7亚型高致病性禽流感疫情先后迅速得到控制。2019年，全国共报告发生4起疫情。与此对应的是，人群中高致病性禽流感的感染和死亡病例也随之大幅下降，可以说我们国家目前禽流感无论是禽之间还是人之间发生率都是非常低的，大家没有必要“谈禽色变”，可以放心食用经检疫合格、合法上市的家禽产品。2月份，湖南邵阳和四川南充分别发生了一起高致病性禽流感疫情，两个养殖场都是中小养殖场，存栏家禽10 347羽，死亡6 340羽，目前疫情处置工作已经完成，共扑杀疫区家禽28 214羽。经当地畜牧兽医部门排查，周边的家禽养殖场没有出现异常的情况。经当地卫生健康部门监测，密切接触人员目前临床均健康，采样监测均为阴性。据专家分析，这两起疫情均由野鸟传播导致的可能性比较大。两起禽流感疫情警示我们，重大动物疫病病原污染面广、传播途径多、防控难度大，决不可以掉以轻心。至于您说的会不会对供给产生影响，我给您说一个情况，咱们国家是禽肉、禽蛋生产大国，饲养量很大，禽蛋人均占有量已经超过了发达国家的水平，我们的总量是有保障的。现在随着交通运输环节的疏通，供应问题不太可能成为大的问题。下一步，我们将全力以赴，做好高致病性禽流感等重大动物疫病的春季防控工作，切实抓好关键措施的落实，及时处置突发的疫情，确保疫情不蔓延。谢谢。

中央广播电视总台央视财经频道记者：

我们都知道，新冠肺炎疫情已经对农业蔬菜的供应和生产产生了一定的影响，农业农村部将开展哪些工作来满足老百姓现在对于蔬菜种类、数量有所增加的愿望？谢谢。

潘文博：

感谢记者朋友的提问。农业农村部认真贯彻党中央、国务院的决策部署，迅速组织成立部内领导小组，专门设立“菜篮子”产品保供组。按照国务院联防联控机制生活物资保障组的统一安排，抓好各项工作落实。一是加强统筹调度。多渠道、多层次调度生产情况和存在的问题，针对当前一些地方存在的设卡限行、阻断交通、阻碍“菜篮子”产品出村进城等突出问题，推动出台并贯彻落实国务院联防联控机制《关于压实“菜篮子”市长负责制做好农产品稳产保供工作的通知》，会同有关部门努力逐项打通制约“菜篮子”产品生产供应的堵点、难点。二是加强指导服务。组织专家制定发布蔬菜技术指导意见，分区域、分品种开展技术指导，同时做好气象灾害防御和病虫害防控。三是搞好产销衔接，组织协调广西、海南、山东、河北等蔬菜主产区与武汉等重点城市、重点地区建立“一对一”保障机制，利用网络平台发布2 700多家农民合作社蔬菜供应信息，在“国务院客户端”平台上线查询服务，促进产销对接。下一步，我们将按照疫情防控的总体部署和要求，继续推动各地毫不放松地抓好蔬菜生产，全力保障疫情防控期间“菜篮子”产品稳定供应。谢谢。

中央广播电视总台国广记者：

我们了解到一些地方现在出现了水产品滞销等问题，像罗非鱼、对虾这样的水产品严重压塘，我想问一下我们如何来帮助这些养殖户，把他们的产品给卖出去？谢谢。

江开勇：

正如这位记者所说，受疫情的影响，当前我们水产品压塘的现象还是较为严重的，影响了农民的收入和再生产的开展。从我们调度的情况来看，罗非鱼、对虾、小龙虾和大宗淡水鱼等压塘的情况尤为严重，造成压塘严重的原因主要是产销对接不畅，市场交易不足，特别是一些加工企业的收购量还不大。近期，国务院联防联控机制以及农业农村部联合相关部委陆续出台了一些政策，对水产品的压塘问题有一些针对性的安排，农业农村部也正在积极推动落实。一是推动水产品的加工和冷链物流企业尽快复工复产，扩大压塘鱼的收储，推动符合条件的水产品加工和冷链物流企业享受国家专项再贷款和贴息补助政策，帮助企业解决用工问题和防护物资需求。广东等地还专门出台政策，对加工收储企业收储压塘鱼给予资金的支持。二是推动畅通运输和销售的渠道，落实好将鲜活水产品纳入生活必需品的应急运输保障范围的政策，充分发挥产业协会、流通企业、电商平台等的作用，推进水产品的主产区和大、中城市批发市场物流配送与销售终端建立稳定的销售对接关系。除此之外，我们还督促地方各级渔业部门加强对压塘水产品的管理，组织水产技术推广和科研人员做好养殖户的技术指导和服务，提高压塘水产品的存活率，确保水产品的质量安全。谢谢。

中国农村杂志社全媒体记者：

在疫情防控中，信息化手段在减轻风险、产销对接、联农抗疫等方面发挥了重大作用，请问农业农村部有哪些经验和做法可以助力基层农村疫情的防控和稳产保供工作？

宋丹阳：

感谢您对这个问题的关注。在广大农村基层，有这样一支队伍，充分利用信息化手段，为广大农民群众提供生产生活等方面的服务，这就是益农信息社。在财政等部门的大力支持下，农业农村部从2019年开始全面实施信息进村入户工程，到2019年年底，已经在全国接近70%的行政村建成了38万个益农信息社。在新冠肺炎疫情防控中，益农信息社主动作为、发挥作用。一是配合做好疫情防控。比如吉林通过12316“三农”服务热线，每天向全省240万农村用户发送防疫信息，充分发挥益农信息社“小广播”的作用。河南组织线下站点发放防疫手册和物资，组织飞防团队下乡义务喷洒消毒，发起爱心募捐等活动。二是促进产销对接。重庆推出了“爱心助农公益服务”，免费为销路受困的农产品寻找出路，解决了不少农民朋友的燃眉之急。浙江发送“每日一助”农产品供求信息360多次，短信1 200多万条。三是配合春耕备耕。黑龙江在“信息进村入户服务平台”手机App（全称Application，手机软件）上为农民开通了春耕专区，全面采集农民购置农资的需求，实现了农资在线提前预订。河北开通“抗疫情、解农困”行动求助电话，24小时专人值班、专人盯办，重点协调、解决鲜活农产品和农资生产经营者面临的具体问题。下一步，农业农村部将继续加强指导，发挥好益农信息社贴近农民、服务农民的作用，在抗疫战中贡献一份力量。谢谢。

香港经济导报社记者：

我们注意到，新冠肺炎疫情发生后，不少地方反映存在饲料短缺问题，少数养殖场甚至出现了断粮现象，养殖的鸡鸭面临着饿死的风险。请问经过这段时间的努力，现在情况怎么样了？如何保证饲料数量和价格的稳定？谢谢。

杨振海：

谢谢您对饲料产业的关注。饲料产业在咱们国家是一个大的产业，产值7 000多亿元，动物缺饲料跟我们缺粮食道理是一样的。新冠肺炎疫情发生以来，由于交通受阻，畜牧业生产中出现了饲料紧缺问题，有些养殖场出现了饲料断供。针对这个问题，我们主要做了两方面工作：一方面是立即行动，把中央的政策和要求在畜牧饲料产业中进一步细化、具体化，农业农村部会同国家发改委（全称国家发展和改革委员会）、交通运输部、公安部等相关部门连续出台了4个有针对性的文件，明确了不得拦截仔畜、雏禽、种畜禽运输车辆，不得拦截饲料运输车辆等“五个不得”的要求，特别是对设卡限行、阻断交通的做法进行了规范和纠正。另一方面，我们组建工作专班，公布热线电话，回应群众关切，凡是打来的电话，我们都“点对点”地抓好落实。从我们每天调度的情况看，强制停工停产、省与省之间运输不畅、大宗原料严重短缺等问题基本得到解决，返工人员短缺、运输“最后一公里”等问题也明显缓解，饲料生产和经营秩序正在加快恢复，一些大型饲料企业基本恢复了正常。据我们调度，截至2月17日，全国9 711家饲料企业，已经有6 384家开工复产，开工率为66%，但是企业开工率与常年同期相比还是有一定的差距，常年的开工率超过

90%。因为饲料总量是够的，大宗原料玉米、豆粕的总量是够的，只要交通问题解决了，饲料行业慢慢就会恢复正常，供给总量应该是没有问题的。下一步，我们将下大力气推进解决饲料行业面临的新问题，促进饲料加工企业全面复工复产，保障养殖企业饲料不断供，为肉、蛋、奶供应打牢物质基础。谢谢。

红星新闻记者：

我们都知道，水产是大农业的优势产业，春季是水产养殖关键的生产时期。我想问，疫情是否会影响今年全年的水产品生产？农业农村部将如何促进全面恢复生产，确保水产苗种，确保水产品供应？谢谢。

江开勇：

水产养殖确实有很强的季节性，春季是做好池塘修整、苗种繁育、生产资料收储等养殖生产准备的重要时间节点，南方地区比北方地区的时间更为紧迫。疫情发生以后，我们为了稳定水产养殖的生产，保障水产品的供给，农业农村部门积极开展了相关工作。一是组织做好春季的水产苗种生产，渔民常讲，好苗产好鱼，我们督促地方渔业部门动员各级水产原良种场积极开展苗种繁育，增加水产苗种的供应量，加强供需信息服务和调度。二是推动落实国务院联防联控机制的有关政策，畅通饲料、水产苗种等生产物资以及水产品的运输，积极推动解决水产品的压塘问题。三是加强春季养殖生产的指导。2月上旬，农业农村部组织专家编写并印发了《春季水产养殖技术操作指南》，要求各地组织科研力量，充分利用信息化手段推广健康养殖模式，各地也在积极行动，因地制宜地开展养殖生产的指导工作。下一步，我们还将继续推进相关工作，努力将疫情对水产品生产的影响程度降到最低，保障春季渔业生产的顺利开展，稳定全年水产品生产。谢谢。

米锋：

谢谢几位嘉宾，今天的现场问答就到这里。今天的发布会介绍了“菜篮子”稳产保供的相关情况。俗话说，“无农不稳，无工不富”，明天的发布会将围绕推动企业的复工复产来回答大家的问题，欢迎大家继续关注，也希望能够把问题提前告知我们。今天的发布会到此结束。

7. 不失时机抓好春季农业生产新闻发布会

一、基本情况

不失时机抓好春季农业生产新闻发布会

时 间	2020年3月5日（星期四）下午3时	
地 点	北京国二招宾馆东楼三层中会议厅	
主 题	不失时机抓好春季农业生产	
发布人	农业农村部种植业管理司司长	潘文博
	农业农村部畜牧兽医局局长	杨振海
	农业农村部渔业渔政管理局局长	张显良
	农业农村部种业管理司司长	张延秋
主持人	国家卫生健康委员会新闻发言人、宣传司副司长	米 锋

二、现场实录

米锋：

各位媒体朋友大家下午好！我是国家卫生健康委新闻发言人、宣传司副司长米锋。欢迎参加国务院联防联控机制举办的新闻发布会。“春雷响，万物长”，今天是二十四节气中的“惊蛰”，全国春耕备耕已经进入了关键时节。日前，中央应对新冠肺炎疫情工作领导小组印发了《当前春耕生产工作指南》，要求各地既要做好农村疫情防控，又要不误农时，抓好春管春耕。今天发布会的主题是：抓好春季农业生产。我们请来了农业农村部种植业管理司司长潘文博先生、畜牧兽医局局长杨振海先生、渔业渔政管理局局长张显良先生、种业管理司司长张延秋先生，请他们来回答媒体提问。

下面进入现场提问环节，请记者朋友围绕今天的发布主题提问。提问前请通报一下所在的新闻机构名称。好，第一个问题请举手提问。

中央广播电视总台央视记者：

我们注意到3月2日晚中央应对新冠肺炎疫情工作领导小组专门下发了《当前春耕生产工作指南》（以下简称《指南》），规格之高在过去是非常罕见的，请问《指南》的发布有什么特殊背景？谢谢。

潘文博：

正像您所说，中央应对新型冠状病毒感染肺炎疫情工作领导小组发布了春耕生产工作指南，规格、层次之高是多年少有的，在疫情防控的关键阶段，在春耕生产的关键时节，发布这一指南，时机非常重要，要求非常具体，而且指导性非常强，这充分体现了党中央、国务院对粮食和农业生产的高度重视。2020年年份特殊，不失时机地抓好春耕生产，确保粮食丰收，具有特殊的重要性。大家都知道，2020年是全面建成小康之年，是脱贫攻坚的收官之年，受多种因素影响，我国经济下行压力大，又遭遇新冠肺炎疫情。

习近平总书记强调“越是面对风险挑战，越要稳住农业，越要确保粮食和重要副食品安全”。《指南》贯彻落实总书记的指示，压紧、压实“米袋子”省长责任制，统筹抓好疫情防控和春耕生产，夯实粮食丰收的基础，守住“三农”这个战略后院。2020年春耕面临的形势也非常特殊，新冠肺炎疫情给春耕生产带来了一些新情况和新问题，春播粮食面积在9亿亩左右，占全年粮食面积一半以上，按时、保质地完成春播任务，对全年粮食生产至关重要。《指南》坚持问题导向，指导各地分级分类尽快恢复春耕生产秩序，确保春耕生产有序开展。当前农时比较紧迫，今天是二十四节气的“惊蛰”，农时紧、农事重。在这个关键节点发布《指南》，指导各地从南到北分区按时抓好春季的麦田管理、水稻的育秧泡田、大田的整地播种，确保春耕生产开好局、起好步，赢得全年粮食丰收的主动权。谢谢。

香港中国评论通讯社记者：

3月3日，农业农村部通报了湖北神农架发生的野猪非洲猪瘟疫情，春季是动物疫病的高发期。请问当前我国重大动物疫病形势如何？对此，农业农村部采取了哪些措施？谢谢。

杨振海：

谢谢您对重大动物疫病防控的关注。我们都知道，动物疫病防控好了，畜牧业生产就安全了。我们已经公布，2019年全年共发生非洲猪瘟疫情63起，其中家猪60起，野猪3起。2019年这个时候发生了12起非洲猪瘟疫情，2020年发生了1起，同比发生强度大幅降低。2020年全国报告了4起野鸟和2起家禽高致病性禽流感疫情，发病强度与近几年的平均水平基本一致。经过专家会商和综合研判，2020年高致病性禽流感疫情形势总体是平稳的。从通报的非洲猪瘟和禽流感疫情看，2020年发生的疫情再次提醒我们重大动物疫病的病原种类多、分布广，特别是非洲猪瘟病毒污染面很大，我们国家养殖密度又比较高，加之边境线很长，野生动物活动较难掌控，疫情风险始终是存在的。防控工作任何时候都不能放松。这段时间，我们通过召开视频会、印发通知和实地督导，对全国防控工作进行全面部署，同时按照分类施策、精准处置的原则，及时总结工作经验，修订公布了2020年版的非洲猪瘟和高致病性禽流感疫情应急实施方案，大家可以在农业农村部官网上查询到。

下一步，我们着重抓好3方面的工作：一是防好非洲猪瘟；二是做好春季免疫，全力防控高致病性禽流感和口蹄疫等动物疫病；三是指导各地认真落实刚刚发布的2020年版非洲猪瘟和高致病性禽流感疫情应对实施方案。当前，措施落实过程中也存在一些问题，主要受疫情影响，动物防疫人员人手不足，防疫活动受限。我们已经要求各地农业农村部门努力克服困难，因地制宜，创新工作方式方法，千方百计把各项动物防疫措施落地、落细，落到养殖场户，确保疫情平稳，不给新冠肺炎疫情防控添乱，为畜牧业持续发展保驾护航。谢谢。

农民日报社中国农网记者：

采访中了解到，一些地方渔业生产受到疫情影响，请问农业农村部对于做好春季渔业生产有哪些考虑和具体措施？谢谢。

张显良：

谢谢你的提问。我国水产品总量中养殖产品占78%，因此抓好水产养殖生产对水产品稳产保供至关重要。从现在开始，水产养殖由南到北渐次展开。受疫情影响，2020年的情况还有些特殊，眼下一些地方水产品压塘比较严重，所以农业农村部将督促指导各地，重点在以下5个方面开展工作。**一是突出抓水产品加工企业复工复产。**抓住加工这个关键环节，通过帮助企业扩大产能，增加压塘水产品收储，尽快腾出养殖空间。**二是突出抓苗种生产。**加快推进水产苗种企业扩繁生产，指导开展水产苗种余缺调剂和供需对接，保证苗种供应。据调度，目前苗种生产能力已经恢复了80%以上。**三是突出抓设施维护。**引导养殖生产者抓紧时间开展池塘清淤、消毒以及进排水系统和养殖设施设备改造，做好饲料等物资准备。**四是突出抓病害防治。**抓好水产苗种产地检疫，强化疫病监测预警，实施好水产养殖用药减量行动，做好存塘水产品病害防治。**五是突出抓结构调整。**加强技术指导，推广池塘生态养殖、工厂化循环水养殖、深远海网箱养殖、稻渔综合种养等绿色养殖模式，优化养殖品种结构。在抓好养殖的同时，农业农村部对捕捞生产也作

出了部署，要求各地加快渔业油价补贴资金发放，指导船员做好疫情防控和安全生产风险防范，有序恢复捕捞生产。谢谢。

每日经济新闻社记者：

此前，农业农村部把化肥、农药等农资纳入国务院联防联控机制制生活物资保障范围，列入复工复产企业重点名单，目前这些农资企业开工率如何？是否能够保障重点地区春耕备耕用肥用药的需要？谢谢。

张延秋：

我介绍一下防疫期间春耕备耕农资的供应情况。这里有一个大背景，我国种子、农药、化肥、农膜，常年供大于求，可供应总量要多1.5～2倍以上。目前主要的问题是农资供应的产业链断了，所以第一个问题是运输阻断问题，生产的农资运不出去，需要加工的配料进不来。前不久，交通运输部、农业农村部印发了《关于做好春季农业生产物资运输服务保障的紧急通知》，将农资纳入绿色通道，由企业自行从网上下载、打印通行证，确保农资运输车辆不停车、不检查、不收费，优先运行。从目前情况看，主动脉基本贯通。从25个

省份1 500多个农业县反馈情况看，县内乡镇道路通畅的占78%。

第二个问题是企业复工。企业复工要解决用工问题和产品能不能运出去、原料能不能运进来的问题。在农业农村部和工信部（全称工业和信息化部）等部门的努力下，农资企业的复工已经有了较好进展。目前，362家重点种子企业复工率达92%，产能达62%，较上周提高10个百分点。化肥尿素企业复工率达69%，磷酸一铵企业复工率达62%，二铵企业复工率达61%，钾肥企业复工率达88%，复混肥复工率达51%，1 400多家农药企业已经复工70%。特别是当前急需的春管小麦、油菜用药企业的复工率达92%。从目前情况看，春耕备耕对农资的需求是有保障的。

第三个问题，经营门店开业问题。目前调查经营门店78%已经恢复，较2周前提高了30个百分点。谢谢。

香港经济导报社记者：

据各地反映，受新冠肺炎疫情影响，一些生猪生产物资运输受阻，新建、改建猪场大多不能正常开工，请问当前生猪生产形势怎么样？针对上述问题，下一步还将采取哪些措施？谢谢。

杨振海：

谢谢您对生猪生产的关注，您讲的这个问题确实和我们掌握的情况是一样的，猪肉是我们国家大多数居民最主要的肉食品，国务院特别重视这件事，出台了一系列硬措施，推动生猪生产加快恢复。在政策推动和市场拉动下，生猪生产已经连续恢复。据监测，能繁母猪存栏连续4个月恢复增长，累计比2019年9月份增长了8%，已基本实现了到2019年年底生猪生产止降回升的目标。尽管面临新冠肺炎疫情冲击等困难，但各地都表示2020年既定的任务目标不变，我们也有信心实现全年生猪产能基本恢复到常年的水平。

下一步，农业农村部准备采取6项措施推进这项工作。

一是逐级强化责任落实。国务院已经同意农业农村部将2020年、2021年的生猪稳产保供承诺目标印发各省人民政府，督促各地严格落实省负总责和“菜篮子”市长负责制，将目标分解到县（市），确保按时完成。**二是及时化解疫情给恢复生猪生产带来的不利影响。**正像您刚才提问的那样，我们将继续解决好饲料、屠宰、流通等企业复工复产面临的突出问题，畅通仔猪和种猪的调运，强化存栏肥猪产销对接，保障生猪全产业链顺畅运行。**三是会同财政部、银保监会（全称中国银行保险监督管理委员会）加快出台贷款贴息等新政策的实施细则。**这项政策含金量还是比较高的。**四是抓好各项扶持政策的落地。**重点是落实好生猪规模养猪场建设补助、养殖用地、环评等政策，及时解决政策实施过程中遇到的新情况、新问题。**五是抓大带小扩充产能。**加快生猪养殖场新建、改扩建项目建设速度，推动尽快形成新增产能。农业农村部2019年实施了“龙头企业带万户生猪产业扶贫项目”，投入资金427亿元，将带动3.3万户农户发展生猪生产。**六是持续加强监测预警与技术服务。**及时发布生猪月度监测数据，引导生产。围绕大场带小户，我们分片开展技术培训和指导帮扶，提高养殖场户生物安全防护水平和饲养水平，争取如期实现我们的目标。谢谢。

农视网记者：

据了解，受疫情影响，目前水产品压塘比较严重，这种现象是否对养殖的水产品质量安全造成影响？农业农村部将如何保障养殖水产品的质量安全呢？谢谢。

张显良：

这个问题大家都很关心。农业农村部一直高度重视养殖水产品的质量安全监管工作，连续多年实施国家产地水产品兽药残留监控计划，每年抽检在5 000批次以上，各地也开展了相关抽检，近7年来，监测合格率保持在99%以上。经过多年努力，水产养殖生产者质量安全意识不断提升，绝大部分生产者可以自觉地不使用禁用药物。针对春季水产养殖生产中可能出现的养殖病害增多，带来养殖水产品质量安全隐患，农业农村部重点从两个方面开展工作：一是持续加强监管，督促各地和养殖生产者加大水产品兽药残留监测监管力度，切实守好水产品质量安全底线，加强疫病防控和养殖过程监管，严厉查处违规用药行为；二是加强健康养殖生产指导和服务。组织水产技术推广和科研人员，利用现代化信息手段指导养殖户规范用药，努力确保不发生重大水产品质量安全事件和区域性重大水生动物疫情。谢谢。

中国家庭报社记者：

昨天夜里，我们注意到农业农村部印发了《关于贯彻落实全国人大常委会革除滥食野生动物决定的通知》。其中提出中华鳖、乌龟等列入水生动物相关名录的两栖爬行类动物，按照水生动物管理。我仔细研究了相关名录。从目录看，中华鳖、乌龟、牛蛙、鳄鱼等动物均不在禁食范围之中，请问这是不是意味着这些动物现在可以被食用了？谢谢。

张显良：

昨天农业农村部正式印发文件，目的就是加强对各地农业农村部门贯彻落实人大常委会决定的指导，根据水生野生动物不同类型以及《野生动物保护法》（全称《中华人民共和国野生动物保护法》）、《渔业法》（《中华人民共和国渔业法》）等法律法规要求，明确水生野生动物管理对象、管理范围以及对不同类型水生野生动物的管理要求。从管理上，水生野生动物主要分为两类：一类是珍贵、濒危水生野生动物，按照《野生动物保护法》有关要求管理；另一类是除珍贵、濒危以外的其他水生野生动物，按照《渔业法》等有关法律法规要求管理。您提到是否能够食用的问题，《野生动物保护法》、全国人大相关决定以及有关解读讲得都很明确，鱼类等水生野生动物不列入禁食范围。我这里主要介绍一下介于陆生和水生之间的两栖爬行动物，比如龟鳖类和蛙类，如何确定按照水生动物还是陆生动物进行管理。《全国人民代表大会常务委员会关于全面禁止非法野生动物交易、革除滥食野生动物陋习、切实保障人民群众生命健康安全的决定》出台后，为进一步界定两栖爬行动物的管理，我们与国家林草局（全称国家林业和草原局）协商，以《人工繁育国家重点保护水生野生动物名录》《国家重点保护经济水生动植物资源名录》及农业农村部公布、推广的水产新品种等作为划分依据，明确列入上述名录的两栖爬行动物按照水生动物管理。也就是说，包括中华鳖、乌龟在内的绝大多数养殖龟鳖和蛙类中的牛蛙、美国青蛙两个引进种可以养殖、食用。谢谢。

中国日报社记者：

刚才潘司长提到，受新冠肺炎疫情的影响，一些地方的春耕生产遇到新情况和新问题，比如说，大家深居简出，导致劳动力不足，农资供应也不畅通，面临涨价压力，请问这些因素会不会影响今年粮食目标的实现？谢谢。

潘文博：

坦率地讲，2020年的春耕生产确实遇到一些常年没有遇到的困难和问题。在党中央、国务院的坚强领导下，农业农村部会同有关部门采取了一系列措施。刚才延秋司长也介绍了，主要推进农资企业的复工复产，打通农资供应、农机作业、农民下田等堵点，尽量减少疫情防控对春耕生产的影响，春耕生产秩序正逐步恢复。回到你刚才提到的全年粮食的问题，全年粮食包括夏粮、早稻、秋粮。夏粮主体是冬小麦，面积基本稳定，而且现在墒情好，苗情长势好于2019年，好于常年，夺取2020年夏粮丰收是有基础的。早稻和秋粮，农民的种植意向也是稳定的。2020年的春播刚刚开始，我们调度了一下进度，和常年是相当的，只要环环紧扣、季季紧抓，指导农民把种植意向落地，把关键措施落实，实现全年粮食目标还是有信心的。我们部里准备重点抓3项工作。

一是压紧压实“米袋子”省长责任制。充分发挥粮食安全省长责任制考核的“指挥棒”作用。2020年准备把春耕生产作为考核的重要内容，明确各省（自治区、直辖市）粮食面积和产量要稳定在上年水平，年底要通报考核结果。同时各省（自治区、直辖市）要把任务分解落实到县，层层把责任压实。

二是调动农民种粮积极性。2020年国家提高了早籼稻和中晚籼稻的最低收购价，释放了重农抓粮的信号。下一步要落实好最低收购价、生产者补贴这些支持粮食生产的政策，保障农民种粮收益，保护和调度农民种粮积极性。

三是搞好精细指导服务。针对疫情的影响，我们分区施策、分类指导，创新服务方式，特别是用好线上的方式，让专家在线服务、在线答疑、在线培训，指导好当前春耕生产。同时，做好旱涝灾害防范，还有重大病虫害的防控，努力减少灾害损失。谢谢。

中央广播电视总台央视中文国际频道记者：

我们了解到这次疫情对一些地方的春耕农资供应造成不小影响，请问目前面临的最严重的问题是什么？下一步将如何解决？谢谢。

张延秋：

目前，春耕期间农资保供最主要的问题是交通不畅。企业要复工，基层农资店要营业，但封闭管理的村农资进不去。我们要“点对点”地解决供应问题。难点还是湖北，湖北疫情重，农资保供任务也重，应该说，湖北的问题解决了，全国的问题就能得到有效的解决。农业农村部公布的热线共接到193个反映农资问题的电话，其中有62个来自湖北。为解决湖北的问题，农业农村部和湖北省农业农村厅进行了通盘考虑，因为湖北防疫的任务重，但春耕农时又不等人，所以湖北省根据农事的轻重缓急列出了时间表。3月10日前完成早稻种子准备工作，3月15日前完成育秧农资准备工作，3月20日前完成小麦的条锈病、油菜菌核病用药的准备工作，4月10日前要完成中稻种子的准备工作。根据这个情况，湖北省自己能解决的问题由湖北省解决，比如准备早稻种子，湖北省有300多万公斤，依靠本省能够解决，但也有湖北省解决不了的，比如中稻种子共需要5 000万公斤，有一半的缺口，农业农村部已经安排湖南隆平高科、安徽荃银高科、江西先农种业做好准备，待湖北提出具体品种需求后马上组织供应。还有化肥，湖北缺口1.9万吨钾肥，全国供销总社（全称中华全国供销合作总社）协调中国农资集团对接供应；缺口复合肥61万吨，协调金正大集团对接供应。农药缺口将近2 000吨，农业农村部农药检定所和中国农药工业协会协调了156家农药企业对接湖北，保证供应。湖北的供应问题解决了，全国的供应就有了保障。谢谢。

中国新闻社记者：

近期，国务院常务会议明确提出要鼓励有条件的地方恢复双季稻，请问今年以来双季稻生产形势如何？农业农村部对恢复双季稻有何考虑？将采取什么样的举措？

潘文博：

这个问题问得很专业。早稻和双季晚稻加在一起，就是我们常说的“双季稻”。近几年，双季稻种植面积出现下滑，主要原因就是农资价格上涨，劳动力成本上升，还有土地流转费用的增加，加之近几年稻谷市场价格比较低迷，农民种植收益下降，一部分地区因此调减双季稻，改种一季稻。2019年，双季稻面积在1.4亿亩左右，比2012年减少了3 500万亩，其中早稻连续7年减了1 800万亩。双季稻种植面积占整个稻谷种植面积的近1/3，是重要的口粮品种。确保口粮绝对安全，必须稳住稻谷生产，尤其是双季稻种植面积不能再继续下滑了。双季稻种植面积能否稳住，关键在早稻。农业农村部2020年要全力推动早稻生产恢复。重点抓3件事。

一是抓政策落实。2020年早籼稻和中晚籼稻的最低收购价，在前几年连续3次调低的背景下适当提高，释放了国家重农抓粮的信号。我们将抓好这项政策的落实。同时，积极推进稻谷完全成本保险，还有收入保险试点，引导农民扩种早稻，也就是扩种双季稻。

二是抓项目带动。农业农村部会同财政部，整合现有农业项目资金，加大对早稻生产支持力度，聚焦主产区、重点县、规模经营主体和关键环节，支持早稻主产省、主产县推广集中育秧和机插秧。

三是抓指导服务。现在南方的早稻，像广东、广西已经开始浸种、育秧了。湖南、湖北、江西也即将进入浸种育秧的时间，我们将组织专家和技术人员，通过线上、线下多种方式开展技术指导服务，提高增产技术的入户率和覆盖面。谢谢。

健康报社记者：

近日，粮农组织发布沙漠蝗的全球预警，我国相关部门也紧急发布通知称，西藏、云南等地也存在入侵的风险，大家非常关心蝗虫对我国的影响，尤其是会不会给农业生产带来危害。另外，据我们了解，我国今年的草地贪夜蛾的防控形势也非常严峻，云南、四川等地的见虫面积达到60万亩，是2019年同期的90倍，请问在做好疫情防控的同时，如何做好虫灾防控？谢谢。

潘文博：

近期，我在我的朋友圈里也看到大家对沙漠蝗的高度关注。实际上，2019年以来，农业农村部一直密切地关注沙漠蝗的发生发展态势。农业农村部蝗灾防治指挥部已成立多年，2020年已多次组织专家会商，分析沙漠蝗入侵危害我国的可能性，研究应对的措施。专家分析认为，沙漠蝗迁飞入侵我国的概率很小。沙漠蝗生存已有数百年历史，主要分布在非洲和西南亚热带荒漠地区的河谷和绿洲，它喜高温、耐干旱，迁移的适宜温度在40℃左右。我国西南边境地区有昆仑山脉、喜马拉雅山脉天然屏障阻隔，沙漠蝗很难越过高海拔山脉迁入，寒冷地区的生态环境和气候不适宜沙漠蝗的生存。专家同时认为，即使沙漠蝗迁入我国，我们也有能力应对。我国有上千年治蝗史，我国的蝗灾主要是东亚飞蝗和亚洲飞蝗，与沙漠蝗分属不同的生物种，生存条件差异很大，但防治方法是相近的。经过多年努力，我国蝗灾发生程度已显著减轻，积累了丰富的治蝗经验。目前，我们有完善的监测体系、成熟的应急机制和较强的专业防治队伍。而且防蝗的药剂、器械储备比较充足，即使沙漠蝗迁入，也能及时、有效防控。尽管沙漠蝗迁飞入侵我国的概率很小，农业农村部也将牢固树立风险意识，严密监测，严防死守，积极援外，科学应对，将沙漠蝗入侵的危害风险降到最低，做到万无一失，有备无患。

一是会同有关部门制定防范预案，建立应急机制，适时开展应急演练。准备4月在云南组织开展应急演练，届时欢迎各位记者朋友到现场报道。二是加强监测预警，重点在云南、西藏、新疆等边境地区加密布设监测点，增派地面巡查人员，做到早发现、早预警、早防范。三是准备应急物资，在关键地区提早准备好治蝗的药械和药剂，做好防控准备。

您刚刚提到草地贪夜蛾。虽然我刚才介绍沙漠蝗入侵我国的概率很小，但是您提到的草地贪夜蛾确确实实已经入侵我国。刚才我说，沙漠蝗源发于非洲和西南亚，而草地贪夜蛾源发于美洲热带和亚热带地区，2019年首次入侵我们国家，发生区域主要在西南和华南地区，见虫面积是1 600万亩左右。经过全力防控，危害区域控制在云南、广西等局部地区，实际危害面积在240万亩左右，虫害地区产量损失控制在5%以内，而且没有给黄淮海玉米产区造成损失。专家分析认为，我们国家的西南、华南地区适宜草地贪夜蛾生存，它目前在这些地区已经定殖了，成了又一种“北迁南回，周年循环”的重大迁飞性害虫。据监测，2020年的草地贪夜蛾虫源基数大，北迁的时间提早，预计是一个重发生的态势。

农业农村部按照“早谋划、早监测、早准备、早防治”的思路，已采取一系列措施。一是优化完善了防控预案。在总结2019年防控经验的基础上，制定了2020年的草地贪夜蛾防控预案，印发给各地。二是提早准备防控物资。2019年年底就下拨了草地贪夜蛾冬春防控经费5 000万元，近期下拨4.9亿元资金，支持各地提前做好防控的物资准备。三是加密监测预警。根据草地贪夜蛾迁飞路径和迁飞规律，在边境地区，西南、华南的源头区，在江淮的过渡区和北方防范区加密布设监测网点，增配高空测报灯、远程监控雷达等设备，组织人员地面普查，全方位、全天候监测预警。四是组织开展冬季防控。2019年12月以来，我们组织了云南、广西等6个省份开展冬防，已经防治了180多万亩次，有的虫灾重一点的地方打了2遍药，不仅对当地虫灾进行防控，把虫源基数压了下来，也减轻了往北迁飞的压力。

下一步，我们将继续坚持防线前移，严密监测，早防早治，联防联控，压实属地责任，落实好防控措施。我们有信心，2020年能打赢草地贪夜蛾防控这场攻坚战。谢谢。

中国农村杂志社全媒体记者：

我们知道，湖北省是全国最大的商品粮生产基地之一，当前湖北处于疫情防控和春季农业生产关键时期，请问湖北省春季农资供应情况如何？怎么满足春耕生产需求？谢谢。

张延秋：

湖北的农资供应问题怎么解决？靠湖北自身现在确实是有难度，省内的农资短缺，一些企业开工有困难。这个问题要靠全国的力量来解决。农业农村部成立了农资保供专班，通过这个专班，把农业农村部系统的力量集中起来统一指挥，把国家部委部门——工信部、交通运输部、市场监管总局、供销总社等的力量集中起来，建立直接、快速的协同机制。同时把全国31个省份动员起来，分别建立农资保供机制，只要湖北提出需求，我们就动员全国力量保障湖北农资需求。同时我们也动员了360多家种子企业、200多家化肥企业、1 400家农药企业和82家农膜企业，通过手机App建立了联系，只要湖北有需求，只要疫情较重地区有需求，我们就会动用全国的力量，通过全国的农资应急调度保供网络保证春耕农资需求。

下一步的工作，是加快提高企业复工率，打通农资供应的堵点。现在主要问题是交通运输的运力不够，所以在此我呼吁运输部门、物流企业、快递企业，以及相关的运输企业优先保证农资供应，因为农时不等人。同时还要推动有关政策落实，2020年的疫情给农资企业造成了较大打击和损失，还有畜禽种苗养殖企业，特别是鸡苗，企业损失也很大。在帮助企业复工复产的同时，要帮助争取税收减免、信贷金融、社保等政策扶持，使这些农资企业尽快恢复元气、恢复发展。谢谢。

文汇报社记者：

目前正值春耕备耕关键时期，据了解，近年来稻渔综合种养对促进农民增收发挥了积极作用，请问稻渔综合种养发展状况如何？下一步农业农村部有何举措？谢谢。

张显良：

首先，谢谢你关心稻渔综合种养产业发展。这几年稻渔综合种养发展得非常快，据统计，2019年，全国稻渔综合种养面积已经达到3 500多万亩，产出200多万吨优质水产品和1 700多万吨优质稻米，亩均增收在1 000元以上，实现了“一田双收、一水两用、减肥减药”，促进了农民增收，成为一些地方重要的脱贫产业和农耕文化形式，也充分调动了农民种粮的积极性。当前正是春耕备耕的关键时期，也是稻渔综合种养的准备期，各地发展稻渔综合种养的积极性非常高。稻渔综合种养首先坚持“稳粮增收”，做到“不与人争粮，不与粮争地”，要落实《稻渔综合种养技术规范通则》等规范标准要求，严格控制沟渠占比不超标、水稻产量不减少，做到种养环境更“生态”、产品品质更优质。农业农村部将督促各地，重点为农民做好3个方面的技术指导：一是做好田间工程，比如加固田埂，建造防逃设施；二是做好苗种放养，因地制宜选择养殖品种，选择合适规格的苗种来压缩养殖周期；三是做好养殖管理，加强水质调控等，确保种好稻、养好鱼，稻丰鱼肥。谢谢。

米锋：

谢谢，今天的现场答问就到这里。我们明天的发布会将围绕科技研发攻关的最新进展情况回答媒体提问，欢迎大家继续关注。今天发布会到此结束，谢谢大家！

8. 抓好春季农业生产和农产品保供新闻发布会

一、基本情况

抓好春季农业生产和农产品保供新闻发布会

时　间	2020年4月19日（星期日）下午3时	
地　点	北京国二招宾馆东楼三层中会议厅	
主　题	抓好春季农业生产和农产品保供	
发布人	农业农村部市场与信息化司一级巡视员	陈　萍
	农业农村部种植业管理司副司长	刘莉华
	农业农村部畜牧兽医局副局长	魏宏阳
	农业农村部农业机械化管理司副司长	王甲云
主持人	国家卫生健康委员会新闻发言人、宣传司副司长	米　锋

二、现场实录

米锋：

各位媒体朋友大家下午好！我是国家卫生健康委新闻发言人、宣传司副司长米锋。欢迎参加国务院联防联控机制举办的新闻发布会。

“蚕房已裹清明种，茶户初收谷雨芽”。今天是二十四节气中的“谷雨”，地里的秧苗正茁壮成长。习近平总书记强调，要抓好农业生产和重要副食品保供稳价，夯实农业基础。李克强总理提出明确要求，促进农业发展，确保粮食安全。今天我们再次安排了农业主题的发布会，聚焦抓好春季农业生产和农产品保供。

我们请来了农业农村部市场与信息化司一级巡视员陈萍女士、种植业管理司副司长刘莉华女士、畜牧兽医局副局长魏宏阳先生、农业机械化管理司副司长王甲云先生，请他们就农产品市场情况、粮食和肉蛋奶生产形势、农机报废更新补贴等来回答媒体提问。

下面进入现场提问环节，请记者朋友围绕今天的发布主题提问。提问前请先通报所在的新闻机构。

中央广播电视总台央视记者：

我的问题是，在疫情影响下，今年一季度全国的农产品市场情况怎么样？农业农村部对后期的走势有什么样的预测？下一步打算采取什么措施保证农产品的供应？谢谢。

陈萍：

谢谢您的提问。每个季度农业农村部都会举行例行市场信息发布会，主要是解读一段时间农产品市场运行的焦点和热点问题，今天也借这个机会，我给各位记者朋友介绍一下第一季度我国农产品运行有关情况。

2020年以来，受疫情影响，部分地区的农产品产销衔接阶段性受阻，价格波动比较大，但由于我国农业产能稳、总量足，市场运行还是基本平稳。

近期，随着疫情防控形势好转，农产品流通基本恢复正常，价格以稳中有跌为主。一季度农产品批发价格200指数先涨后跌。3月份指数129.35点，比2月份下降6.38个点，与1月份相比基本持平。分品种看，猪肉价格持续小幅下跌，3月最后一周，全国猪肉批发价每公斤46.28元，连续7周下跌。牛羊肉、禽肉和鸡蛋的价格偏弱运行，蔬菜、水果价格季节性波动，低于2019年同期。水产品交易量回升，价格回落。从后期的走势看，粮食库存充足，生猪产能持续恢复，家禽生产形势好转，应急蔬菜上市量增加，农产品市场有望继续保持总体稳定。下一步，农业农村部将以粮食和生猪为重点，进一步抓好农业生产，加强市场监测预警，做好产销对接服务，切实保证农产品供应。

另外，今天借这个机会，我给大家提供一个信息。明天上午，一年一度的中国农业展望大会将以视频直播的方式召开，会上将发布未来1年和未来10年我国农产品供需形势的预测成果，届时欢迎各位媒体朋友多多参与。谢谢。

香港经济导报社记者：

疫情在全球蔓延以来，全球粮食供应形势引起社会高度关注。请问当前我国粮食生产形势怎么样？今年粮食能不能实现稳产保供？谢谢。

刘莉华：

感谢您对国家粮食形势的关注。受新冠肺炎疫情影响，全球粮食供应形势引起社会高度关注，4月4日，在国务院联防联控机制新闻发布会上，农业农村部就这个问题专门进行了回应。目前，国家粮食储备是充足的，口粮完全自给，米面随买随有。当前重点还是抓好2020年的粮食生产。

2020年年份特殊，中央采取了一系列超常规的措施来稳住粮食生产，政策力度和工作力度都是多年来少有的。各地、各部门认真贯彻中央的决策部署，统筹推进疫情防控和春耕生产，抢抓农时，开展春管春播，促进粮食生产有一个好的开局。

我们从夏粮的情况来看，目前西南地区小麦正在灌浆成熟，增产趋势明显；江淮、黄淮地区小麦正在孕穗抽穗，长势总体好于上年，夺取丰收有基础、有希望。针对2020年受暖湿气候影响，小麦条锈病、赤霉病发生较重的问题，各地也及时开展了统防统治和应急防治，防治面积是发生面积的1.6倍，基本做到了应防尽防，前期病害快速扩展的态势已经得到了有效遏制。

从春播情况来看，春播的粮食面积是全年面积的一半以上，2020年春播粮食面积的意向呈增加态势，特别是早稻面积有望遏制连续7年下滑的势头，实现恢复增加。据农业农村部农情调度，截至4月18日，全国春播粮食已经

完成意向面积的21%，进度比2019年快1个百分点。早稻育秧已经结束，大田播栽已经过了八成，进度比2019年快了2.4个百分点，基本上早稻可以做到不插5月秧，目前秧苗长势比较好，为恢复双季稻生产开了一个好头。

今天是“谷雨”，我们都说“雨生百谷”。按照农时，“谷雨”之后春播就大面积进入高峰。农业农村部将继续抓紧、抓实、抓好春耕生产各项工作，指导农民把意向面积落地、把关键措施落实，高标准、高质量完成2020年的春播任务，夺取夏粮丰收，赢得全年粮食丰收的主动权。我们相信，只要季季紧抓、环环紧扣，2020年粮食是能够实现稳产保供的。谢谢。

农民日报社记者：

在疫情防控形势下，农业机械化在春耕生产中显得尤为重要，目前正在春耕关键时期，请问今年农机助春耕情况如何？有什么突出的特点？谢谢。

王甲云：

感谢您对农业机械化工作的关注。应对2020年疫情防控形势，农业农村部更加注重充分发挥农机在农业生产当中的主力军作用，通过强化组织调度、增加装备供给、协调保障农机转运等举措，努力做到防疫情不误春耕。相比往年，2020年春季的农业机械化生产有4个方面的显著特点，可以概括为“四化”。

一是备耕在线化。我们及时开通春耕农机线上服务站，加强不见面技术培训和组织调度。通过手机App方式，实现了农民购机补贴线上通办，保障政策实施不受疫情影响。

二是服务社会化。全国有7万多个农机合作社投入春耕生产，就近、就快开展代耕、代种，提供一站式“全程机械化+综合农事”等服务。很多地方还通过“滴滴农机”的方式帮助农民足不出户就完成春耕，让小农户的春耕省心、省力又省钱。预计合作社开展社会化服务面积将达到2亿亩，同比增加6%。

三是装备智能化。2020年春耕，全国投入植保无人机超过3万台，同比增长25%以上，投入北斗导航、自动驾驶拖拉机和配套装备超过2万台（套），同比增长15%左右。这些智能化的装备应用，对于减少春耕生产的人员聚集、有效防控疫情在农村扩散发挥了重要作用。

四是技术绿色化。在南方，水稻产区以新型农业机械为载体，进一步带动有序抛秧、插秧同步侧深施肥等绿色技术的推广应用。在北方，东北地区将投入4.5万台高性能玉米免耕播种机，实施保护性耕作面积达4 000万亩。在提高玉米播种质量的同时，对黑土地实施战略性保护。

总的来看，2020年春耕投入的农机总量将达到2 200万台（套），比2019年增加30万台（套），能够充分满足春耕生产需求。湖北省已组织调度30万台耕整地机械和2.4万台插秧机参加春耕，可以有效保障2020年早稻生产的用机需求。谢谢。

香港中国评论通讯社记者：

我们注意到，今年农业农村部和财政部启动了东北黑土地保护性工作行动计划，请问这一行动基于什么考虑，有什么具体安排，能够解决哪些问题？谢谢。

王甲云：

感谢您的提问。长期以来，受翻耕、旋耕等传统耕作方式因素影响，东北部分地区的黑土地长期裸露，风蚀、水蚀加剧，土壤结构退化，使东北农业可持续发展和保障我国粮食安全面临严峻挑战。这要求我们必须加快改变传统耕作方式，对东北黑土地实施战略性保护。国内外的生产实践证明，保护性耕作是一项能够实现作物稳产、丰产与生态环境保护双赢的可持续发展农业技术，它的核心要求是在不翻耕土壤，同时地表有秸秆覆盖的情况下进行免耕播种，这一全新的耕作制度，可以实现节本增效、蓄水保墒、培肥地力，有效防治农田扬尘和水土流失，杜绝秸秆焚烧等，取得多方面的经济和生态效益。

在深入调研的基础上，经国务院同意，农业农村部和财政部2020年启动了东北黑土地保护性耕作行动计划，旨在通过政府与市场两端发力，强化组织领导和政策引导，加快在东北适宜区域全面推行保护性耕作，力争到2025年实施面积达到1.4亿亩，占适宜区域面积的70%，有效遏制黑土地退化，恢复、提升耕地的地力，进一步夯实国家粮食安全基础，促进农业可持续发展。

2020年是实施这项行动的第一年，中央财政安排16亿元资金，支持东北地区的4个省份实施保护性耕作面积4 000万亩，主要用于支持秸秆覆盖免耕作业补助。今天是“谷雨”时节，东北地区的玉米春播即将进入高峰，4月17日，农业农村部组织召开了东北地区的4个省份工作进展情况调度视频会议，目前来看，黑土地保护性耕作行动计划的政策、机具、培训等各项准备工作基本到位，我们有信心高质量完成2020年的4 000万亩的目标任务，实现良好开局。我想，这也将会成为2020年东北地区农业生产的一大亮点。谢谢。

农视网记者：

据报道，近期豆粕的价格出现上涨，很多饲料企业上调了产品价格。全球新冠肺炎疫情持续扩散，导致粮食国际贸易受到阻碍，我国的饲料供应会不会出现问题？谢谢。

魏宏阳：

谢谢这位女士的提问。养殖业的动物每天都要吃饲料，一天也离不开饲料，对于您刚才提的问题，我们也是非常关注，最近一直在开展分析研判。饲料生产中用到的大宗饲料原料包括两类：一类是能量饲料原料，主要是玉米，主要由国内供给，比较稳定；另一类是刚才您提到的豆粕，主要是用进口的大豆压榨生产，从来源上看，与大豆的进口确实是密切相关的。我想，各位记者朋友一定知道，4月14日，海关总署在国新办的发布会上介绍了一季度的进口数据，其中一季度大豆进口1 779万吨，同比增长6.4%。农业农村部对于豆粕的生产也进行了一季度全面的监测，产量是1 463万吨，同比增长4.0%。同时，我们对工业饲料的产量也有监测，一季度是5 282万吨，同比增长了1.7%，再加上养殖场自配料，一共需要豆粕1 456万吨，从前面几个数据可以看出来，一季度的豆粕供需总体是平衡的，从大豆进口量来看，甚至略多于豆粕的增幅，从豆粕增幅来看，略高于我们饲料用量的增幅，所以一季度供应是平衡的。

同时，近期我们与国内很多大豆贸易相关专业机构进行跟踪磋商，根据掌握的情况，第二季度的大豆也足以满足国内的豆粕生产需求。当然，从3月中旬开始，豆粕的出厂价格确实出现了一定程度的上涨，幅度到3月底达到最高，与3月中旬相比，1吨涨了400元，从2 900元涨到3 300元。但是与2016年以来多次出现的高点——3 600元每吨，还有一定的距离。同时，进入4月份以后，价格已经有所回落，回到了3 200元左右，从上一周整体监测数据来看，每天在3 200元左右。

这一轮涨价，主要是业内担心全球疫情扩散导致物流中断，属于心理预期推动下的上涨，实际上当前的国际大豆贸易秩序是正常的，主要出口国都在采取措施，保证港口的正常运营。稳定大豆的贸易秩序，对出口国和进口国来说，是一件互利共赢的事情，今后，相信双方也都会在措施上相向而行。这段时间里，国内有关方面也多次介绍，全球的大豆供应链总体是宽松的。农业农村部对2020年的需求也进行了分析，由于受生猪产能相对低位，以及家禽补栏有所延迟等的影响，2020年豆粕用量与2019年相比，稳中略降，需求端并不支持豆粕价格继续大幅向上攀升，尤其目前国内有比较充足的大豆储备，我们的饲料企业积累了丰富的技术经验，可以通过低蛋白日粮配方，在不影响生产水平的情况下，根据性价比这个因素来调节豆粕用量，同时，技术储备也非常充分，后续我们会继续跟踪，但是我们有信心保证豆粕的供应能够满足养殖业的需求。谢谢。

每日经济新闻社记者：

据了解，新冠肺炎疫情对各地畜牧业生产造成了一定的影响，随着各地道路解除管控，当前全国肉、蛋、奶生产形势怎么样？有没有保障？谢谢。

魏宏阳：

谢谢这位记者朋友的提问。关于这个问题，刚才陈萍女士从市场端的角度已经作了部分介绍，在这里，我再从生产形势方面给大家介绍一些情况。

应该说，随着疫情的好转，我们畜牧业的生产秩序也已经基本恢复了正常。从一季度的情况来看，生猪生产恢复持续向好，3月份的数据已经出来，能繁母猪存栏保持环比增长，增幅2.8%，连续第六个月增长。新生仔猪继续增加，增幅是7.3%，连续第二个月增长。生猪存栏环比增长3.6%，也是连续第二个月增长。前面我提到的3个方面的增长，不仅具有连续性，而且整个增幅呈加快之势，就是比上一个月都快。生产上的变化反映到价格上，就是猪肉价格连续7周下降，与2月份的高点相比，降幅达到9.7%。从价格水平来看，每公斤降了6块钱，这是一个很大的降幅，这是关于猪的情况。

关于家禽，家禽生产前一段时间遇到的困难比较多，但一季度整体实现了增长，全国肉鸡出栏同比增长4.8%，其中3月份出栏同比增速超过29%，这说明我们2月份积压的没有出栏的家禽在3月份都及时出栏了。同时，一季度鸡蛋产量同比增长1.6%，其中3月份鸡蛋产量同比增长5.7%。这是家禽产品的两个最主要品种的情况。

另外，奶业生产保持稳定增长。一季度全国奶牛存栏同比增长0.4%，生鲜乳产量同比增长7.9%，这说明奶业生产不仅量在增长，水平也在提升。另外，肉牛、肉羊继续保持稳定增长的好势头。最难能可贵的是，在受到新冠肺炎疫情影响的情况下，畜牧业不仅产能稳住了，养殖效益也不错。刚才陈萍女士介绍，畜产品价格总体稳中有降，但即使下降，我们的生猪、肉牛、肉羊、奶业也基本上保持了2019年以来较高的收益，没有受到大的影响。只有蛋鸡效益没有2019年好，特别是湖北等地一些蛋鸡企业的损失比较大。但是一季度全行业在总账上是盈利的，因为蛋鸡这个品种是连续生产的，从孵出来到最后淘汰要经过72周，作为一个连续生产的品种，一个月亏损，下一个月会补上来，这也有助于产业的稳定。肉鸡产业2月份的损失比较大，但是3月份整体已经扭亏为盈。

总的来看，2020年畜牧业生产是按照年初的计划来推进的，保证市场充足供应的目标可以实现。谢谢。

中央广播电视总台国广记者：

我的问题想请刘司长回答。目前各地学校陆续开学，餐饮企业也开始恢复正常的营业秩序，我们对蔬菜的产品需求量明显增加，蔬菜的供给能否跟得上？谢谢。

刘莉华：

感谢您对蔬菜供应的关注。为应对新冠肺炎疫情影响，做好蔬菜等“菜篮子”产品的稳产保供，按照中央的决策部署，农业农村部会同有关部门成立了“菜篮子”保供专班，采取了一系列有针对性的措施，蔬菜供应在疫情期间实现不断档、不脱销。当前，正如你所说，经济运行秩序逐步恢复，“菜篮子”产品消费需求在回升，从当前生产的情况来看，供应总量是有保障的。为什么这么说呢？我们主要基于3点判断。

一是蔬菜种植的面积增加了。2月份以来，各地积极扩大蔬菜生产、扩种速生叶菜，全国蔬菜面积保持稳定增加的态势。目前，全国蔬菜在田面积是6 700多万亩，比2月底增加了2 000多万亩，为保障供应打下了面积基础。

二是天气条件对蔬菜生产有利。近期温度总体偏高，光照充足，气象条件有利于蔬菜早发、快长。本周蔬菜的收获产量是875万吨，比前一周增加了28万吨，预计未来1个月蔬菜收获产量是3 400多万吨，能够满足消费的需要。

三是运销堵点基本打通。全国公路运输基本恢复畅通，阻碍蔬菜采收、出村的卡点也基本取消，农产品批发市场、大型商超、便利店基本恢复正常营业，为蔬菜顺畅销售提供了保障。

下一步，我们将继续聚焦蔬菜的稳产保供，抓好技术指导服务，推进标准化生产，加强信息监测，促进产销衔接，为消费者提供更多花色多样、安全优质的蔬菜产品。谢谢。

科技日报社记者：

我的问题是，近期国内连续发生了几起非洲猪瘟疫情，请问现在疫情形势怎么样？是否有可能发生扩散？农业农村部将采取什么防控措施？谢谢。

魏宏阳：

谢谢。非洲猪瘟疫情是大家持续关注的，也是我们一直在努力抓的一件事情。进入2020年3月份以后，全国陆续报告了13起非洲猪瘟疫情，其中12起涉及家猪，一共扑杀了1 313头生猪。2019年同期报告了24起疫情，扑杀生猪24.03万头，总的来看，2020年非洲猪瘟疫情发生强度和造成的损失都有明显的下降。再结合我刚才向大家介绍的生猪连续恢复的势头，我们的基本判断是，当前非洲猪瘟疫情是可控的，但由于非洲猪瘟疫情在各个省份都发生过，有较大的污染面，加上现在生猪生产持续恢复发展，相关的调运活动也会持续增加，所以疫情发生的风险也有可能增加，对于风险隐患，我们一直保持着高度警惕。

近期，我们专门对这12起家猪疫情进行深入调查分析，发现有一个特点，即绝大部分与违法违规调运仔猪、种猪有关，涉及的生猪没有佩戴耳标、没有动物检疫证明，其中有9起违规使用未备案车辆，有4起涉及不法商贩借用网络平台进行交易。就是说，违法违规行为非常隐蔽，性质也非常恶劣，属于典型的违法犯罪行为。针对这种形势，从2020年3月中旬开始，我们采取了一系列针对性措施，大体有4个方面。

第一，跟公安、交通运输等部门联合行动，严肃查处各种违法违规调运行为。从4月1日开始，启动为期60天的针对违法调运行为的专项整治行动。

第二，对全国的生猪网络交易平台进行监控。对于价格明显偏低等异常行为，一旦发现，立刻进行核查、排查。

第三，向南方的重点省份派出督导组。目前已经下去了，准备开展为期1个月的督导工作，主要是督导各地进一步压实责任，进一步落实好生猪生产和非洲猪瘟防控两方面的政策措施，同时，在这个过程中，与地方一起协调解决、立行立改发现的问题。

第四，进一步加大宣传和执法力度。主要是对违法犯罪分子形成震慑，对养殖场户起到足够的警示、提醒作用。借这个机会，我希望在座的权威媒体朋友们，多多支持我们这项工作，多多宣传报道，大家一起努力，让违法犯罪行为无所遁形，让我们的养殖者远离来历不明的生猪，形成社会共治的局面，一定能够让非洲猪瘟防控形势越来越好。

中央广播电视总台新闻新媒体中心记者：

我代表央视新闻的网友提问。最近，有一些农民网友提出来，自家收获了大量农作物，但是因为疫情的原因，销路不畅，囤积在家里，气温升高，导致腐烂，所以十分希望国家能够帮助建存储冷库。今年中央一号文件也提出启动实施农产品仓储保鲜冷链物流设施建设工程。请介绍一下目前这项工程的进展、实施情况，谢谢。

陈萍：

非常感谢您对这个问题的关注。党中央高度重视农产品的仓储保鲜冷链物流设施建设，2020年中央一号文件明确提出要求，要启动农产品的仓储保鲜冷链物流设施建设工程。支持仓储保鲜冷链物流设施建设是现代农业重大牵引工程，也是促进产业消费“双升级”的重要内容，是顺应产业发展新趋势，适应居民消费新需求，促进小农户与现代农业有机衔接的重大举措，对于稳固脱贫攻坚的成效、加快乡村振兴战略实施具有重要意义。

2020年，农业农村部将以鲜活农产品主产区、特色农产品优势区和贫困地区为重点，启动农产品产地仓储保鲜冷链设施建设工作。在实施区域上，重点支持湖北等16个省（自治区、直辖市），选择产业重点县来实施；在实施主体上，主要是县级以上示范家庭农场和农村合作社的示范社；在实施方式上，采取先建后补、以奖代补的方式；在实施重点上，主要是围绕水果、蔬菜等鲜活农产品，建设节能型的通风储藏库、机械冷库、气调储藏库以及配套的设施设备。重点结合田头市场的建设，建立产地市场信息的采集机制。

近日，我们已经印发了实施意见，并且会同财政部印发了通知。现在各地正在抓紧制定区域实施方案，组织开展相关的工作。谢谢。

中国教育电视台记者：

我们看到，在疫情期间，很多人通过网络购买农产品，一些地方干部、网络主播、农民纷纷上线，开始“直播带货”。通过这种方式，很多农产品增加了销量。请问农业农村部在这方面有没有做相关工作，效果如何呢？谢谢。

陈萍：

谢谢。近期央视主播为湖北带货受到了广泛的关注，我也注意到了“小猪佩奇”直播组合，在社会上关注度非常高，带货效果非常明显。

近年来，新零售和新业态快速发展，利用网络直播、短视频等形式促进农产品销售，已经成为新潮流、新亮点，是农产品营销的创新，也补上了传统农产品营销的“短板”。对缓解“卖难”、助力产业发展和促进农民增收发挥了积极的作用，特别是疫情期间，全国上万间蔬菜大棚瞬间变成了直播间，市长、县长、乡（镇）长纷纷带货，还有网红带货，让直播成为“新农活”，也让农产品的销售找到了新的出路。

疫情发生以来，农业农村部充分发挥互联网平台的积极作用，组织阿里、拼多多、京东、苏宁、一亩田等电商企业开展爱心助农活动，推出了流量支持、优惠贷款和运费补贴等各项促销措施，助力“卖难”的农产品快速销售。截至4月17日，各大电商平台累计销售湖北农产品79.6万吨，撮合线上交易达到1 280万次。另外，我们还指导优农协会（全称中国优质农产品开发服务协会）与新浪微博、央视新闻和快手等联合举办了“谢谢你为湖北下单”公益带货直播活动，销售额超过了1个亿。

下一步，农业农村部将继续加快实施“互联网+”农产品出村进城工程，加强与电商企业合作，加快新技术、新模式、新业态的创新步伐，为促进农产品流通提供有力的支撑。谢谢。

新民晚报社记者：

国家高度重视粮食生产，地方也出台了一系列举措来支持粮食生产，在这个过程中，会不会有一些地方为了追求粮食的产量而增加农药和化肥的使用量？下一步农业农村部将采取什么措施，统筹绿色发展和粮食生产？谢谢。

刘莉华：

感谢您对农业绿色发展的关注。有一句老话叫“庄稼一枝花，全靠肥当家”，肥料是粮食的“粮食”，在防病治虫的过程中我们也离不开农药。实事求是来说，化肥农药在粮食生产中的应用，为解决14亿人口的吃饭问题，是发挥了重要作用的。但在实际生产中，也存在着化肥农药过量施用、利用率不高的问题。

按照新发展理念的要求，2015年，农业农村部推进农业绿色发展，组织开展了化肥农药使用量零增长行动，目的是通过科学施肥、合理用药，推进化肥农药减量增效。2019年，我国化肥农药的用量已经连续3年减少，三大粮食作物的化肥利用率达39.2%，比2015年提高了4个百分点；农药利用率达39.8%，比2015年提高了3.2个百分点。2020年，农业农村部在推进粮食稳产保供过程中，始终坚持农业绿色发展的目标不动摇，继续抓好化肥农药减量增效，推进绿色春耕。

在化肥减量增效上，我们从几个方面制定发布了2020年主要农作物科学施肥的指导意见，在300个粮、棉、油生产大县开展化肥减量增效试点，集成推广高效施肥技术和新型肥料产品，示范带动科学施肥，减少化肥用量，提高化肥的利用率。

在农药减量上，我们实施绿色防控以替代化学防控行动，创建了100个绿色防控示范县，推广绿色防控技术和新型高效的植保机械，特别是发挥好4.3万个植保服务组织的作用，大力推进统防统治。比如最近小麦主产区正在防治小麦条锈病、赤霉病，基本通过植保服务组织开展统防统治。统防统治和农民的自防相比，农药的使用量减少了20%，防治效果提高了10个百分点。

此外，绿色春耕还包括节水。2020年我们在西北、华北等缺水的地区建设了220个高标准旱作节水农业示范区，集成推广节水技术，制定发布了《2020年春季冬小麦科学灌溉技术指导意见》，指导农民开展科学灌溉。2020年，我们指导华北地区的农民因地制宜，结合墒情好的实际，少灌一水，每亩可以节水50立方米。谢谢。

长江网驻京记者：

受疫情影响，湖北的特色农产品销售出现困难，受到各界的关注。刚才陈萍女士也介绍了社会上的帮扶措施，包括农业农村部的帮扶措施。我的问题是，目前湖北农产品的产销形势总体如何？农业农村部准备采取哪些支持的措施和政策？谢谢。

陈萍：

谢谢您的关注。疫情发生以来，农业农村部高度关注湖北农产品的产销情况，总体来看，在党中央、国务院的坚强领导下，社会各界积极行动，4月以来，湖北省农产品产销形势日趋向好，茶叶销售进度已经达到71.8%。香菇生产和库存量持续下降，小龙虾销售进度加快，即将进入上市的高峰期，后期的销售压力还会进一步增大。前期针对湖北农产品“卖难”问题，农业农村部采取了一系列措施。一方面加大政策的支持力度，下达农业生产救灾资金2.13亿元，主要用于支持湖北省蔬菜等农产品市场供应。推荐湖北省重要农业企业纳入疫情防控的重点保障企业名单，享受专项贷款和贴息等优惠政策，已经有30家农业企业进入了名单。另一方面，我们是千方百计地扩大采购规模，举办了3场视频产销对接活动，“一对一”“点对点”地解决湖北农产品的“卖难”问题，其中4月1日，我们举办的“鄂粤同心 抗疫发展”视频对接活动，湖北和广东两省签署了茶叶、小龙虾等农产品的购销协议共计1 700吨、1.5亿元。另外，我们动员农产品市场协会（全称中国农产品市场协会），号召各大农产品批发市场加大采购力度。截至4月17日，农产品市场协会动员农产品批发市场累计采购湖北鲜活农产品4.24万吨，金额1.72亿元。近期，农业农村部将再启动湖北特色农产品系列促销活动，届时我们将开展“感恩湖北放心下单”活动，还有湖北大宗特色农产品“一场一品”产销对接、湖北水产品产销对接专场活动，以及“放心吃小龙虾”的专家访谈等活动，欢迎各位媒体朋友多多参与、多多关注。谢谢。

中国农村杂志社记者：

据我们了解，近年来，国家实施的农机购置补贴政策对促进我国农业机械化快速发展发挥了重要作用，2020年农业农村部、财政部、商务部首次实施农机报废更新补贴政策，请具体介绍一下这方面的情况，谢谢。

王甲云：

感谢您的提问。农机购置补贴是党中央、国务院一项重要的强农惠农政策，从2004年实施以来，累计支持3 500多万农户，购置各类农机具超过4 500万台（套），受到农民群众的广泛欢迎，有力促进了农业农村现代化的发展。2020年2月19日，农业农村部会同财政部、商务部发布了农业机械报废更新补贴的实施指导意见，明确中央财政将从农机购置补贴资金当中安排资金，对从事农业生产的个人和农业生产经营组织报废老旧农机具给予适当的补贴。

具体来说，就是对达到一定使用年限或者安全隐患大、故障发生率高、损毁严重、维修成本高的拖拉机和联合收割机等7类机具进行报废更新补贴。目的是通过政策支持，进一步加大耗能高、污染重、安全性能低的老旧农机淘汰力度，加快先进适用、节能环保、安全可靠的农业机械的推广应用。努力优化农机装备结构，推进农业机械化转型升级和农业绿色发展。谢谢。

米锋：

谢谢。今天我们的发布会嘉宾为我们介绍了抓好春季农业生产和农产品保供相关工作。明天的发布会，我们将围绕依法防控境外疫情输入，再一次举办发布会，届时我们会请国家卫生健康委、海关总署、国家移民局（全称国家移民管理局）、中国民航局（全称中国民用航空局）相关司局的负责人来回答媒体的提问。欢迎大家继续关注。

今天的发布会到此结束。谢谢大家。

9. 疫情期间农业农村经济发展新闻发布会

一、基本情况

疫情期间农业农村经济发展新闻发布会

时　间	2020年4月28日（星期二）下午3时	
地　点	北京国二招宾馆东楼三层中会议厅	
主　题	疫情期间农业农村经济发展	
发布人	农业农村部发展规划司司长	魏百刚
	农业农村部乡村产业发展司司长	曾衍德
	农业农村部国际合作司司长	隋鹏飞
	农业农村部科技教育司司长	廖西元
主持人	国家卫生健康委员会新闻发言人、宣传司副司长	米　锋

二、现场实录

米锋：

各位媒体朋友大家下午好！我是国家卫生健康委新闻发言人、宣传司副司长米锋。欢迎参加国务院联防联控机制举办的新闻发布会。习近平总书记强调，补齐农村基础设施和公共服务短板，着力解决发展不平衡不充分问题。李克强总理提出明确要求，保粮食能源安全，促进经济恢复增长。我们联防联控机制的发布会，从“雨水”到“惊蛰”，从“清明”到“谷雨”，多次就农业主题回应媒体和群众的关切。今天发布会的主题是疫情期间农业农村经济发展工作。

我们请来了农业农村部发展规划司司长魏百刚先生、乡村产业发展司司长曾衍德先生、国际合作司司长隋鹏飞先生、科技教育司司长廖西元先生，请他们就农村经济情况、农民就业增收、农产品国际贸易、农业科技运用等来回答媒体提问。

下面进入现场提问环节，请记者朋友围绕今天的发布主题提问。提问前请先通报所在的新闻机构。

中国教育电视台记者：

近期，国家统计局公布了一季度国民经济运行情况，受疫情的影响，一、二、三产业的增加值都有所下降，请问一季度农业农村经济运行的情况怎么样？受疫情的影响大不大？谢谢。

魏百刚：

谢谢您的关注。2020年以来，我国农业农村经济运行总体平稳，稳中向好，经受住了新冠肺炎疫情的冲击，特别是种植业增加值同比增长3.5%，“米袋子”“菜篮子”供给保障有力，在4个方面表现还是比较突出的。

一是粮食生产形势好。目前，我国小麦从南到北大多处于抽穗扬花灌浆期，整体长势好于2019年，也好于常年，再有1个多月就收获了。小麦产量占夏粮的90%以上，2020年夏粮丰收有较好基础。目前，春播进展顺利，进度达三成左右。早稻插秧基本结束，面积增加，扭转了连续7年下滑的势头。这些年，我国粮食生产年年丰收，产量连续5年稳定在1.3万亿斤以上，2020年我们仍然有信心、有底气、有能力夺取全年粮食丰收。

二是生猪生产恢复势头持续向好。生猪生产克服了新冠肺炎疫情期间一度出现的仔猪、饲料运输供应不畅等困难，2020年一季度末与2019年年底相比，全国生猪存栏增加了1 000多万头，增长3.5%；能繁母猪存栏增加了300多万头，增长9.8%，这两项存栏都实现了环比增长。同时，禽蛋、牛奶产量也有一定幅度的增加。

三是"菜篮子"产品价格持续回落。目前，猪肉批发价格已连续10周下降，每公斤降了6块钱左右，蔬菜、水果等鲜活农产品供给增加，价格基本回落到常年水平。

四是涉农企业生产经营秩序全面恢复。饲料、兽药、屠宰、水产品加工等养殖上下游企业，以及农资重点企业全部恢复正常生产，产能达到常年同期水平。

总的来看，面对新冠肺炎疫情、病虫害偏重发生等风险挑战，农业农村经济依然"稳"字当头，有效发挥了"三农""压舱石"作用，为做好疫情防控和稳定经济社会发展大局提供了有力支撑。谢谢。

香港经济导报社记者：

受新冠肺炎疫情影响，很多返乡的农民工没有再回到城市打工，这给农民的就业增收带来了一定的影响，请问农业农村部对此有哪些应对措施？谢谢。

曾衍德：

2020年，受新冠肺炎疫情影响，一些地方的返乡农民工滞留乡村，这是当前农村的一个突出问题。

按照国务院的部署，前不久，农业农村部会同人力资源和社会保障部印

发了《扩大返乡留乡农民工就地就近就业规模实施方案》，对此做了具体的安排。重点取向和工作措施，总结起来就是“五个一批”：

第一，回归农业稳定一批。这是农民工的老本行。引导返乡留乡农民工领办、合办农民合作社及农机服务社，开办家庭农场，兴办特色种植业和规模养殖业，开展农资供应、统防统治、代耕代种等服务。

第二，工程项目吸纳一批。通过实施以工代赈等项目，包括现代农业产业园、农业产业强镇、优势特色产业集群等农业项目，优先安排返乡留乡农民工就业。

第三，创新业态培育一批。近期，一些返乡留乡农民工利用网络平台，发展农村电商、直播直销、体验农业等，闯出了就业的新门路。要通过发展休闲旅游、健康养生、农事体验、电子商务等新产业、新业态，安排返乡留乡农民工就业。

第四，扶持创业带动一批。引导返乡留乡农民工积极发展乡村车间、家庭工场、手工作坊、创意农业等，培育一批农村创业创新“领头雁”。

第五，公益岗位安置一批。通过安排乡村保洁员、水管员、护路员、生态护林员等公益性岗位，托底安置返乡留乡农民工就业。

我们提出，通过以上措施，形成就业促增收、致富奔小康的良好局面。谢谢。

中央广播电视总台央视记者：

随着疫情在全球蔓延，粮食问题也受到越来越多的关注，我国一直在实施“藏粮于技”的战略，请问我们目前都运用了哪些科技来增强粮食的产量？谢谢。

廖西元：

感谢您对农业科技工作的关注。粮安天下，“地”是基础，“技”是支柱，农业科技对丰富中国人的“米袋子”“菜篮子”作出了历史性贡献。2004年以来，我国粮食取得历史性的“十六连丰”，总产量增加了54%，单产提高对总产增长的贡献达到66%。

近些年来，在中央财政的大力支持下，通过建设国家现代农业产业技术体系、实施重大农业科研专项、建设国家农业科技创新联盟等举措，取得了一批重要科技成果，有力支撑了粮食生产和现代农业发展。

一是在优良品种上。粮食作物良种实现了全覆盖，自主选育品种达95%以上，品种更新换代了5～6次，推广了一大批优良品种，储备了一批优质、高产、抗逆新品种。

二是在机具装备上。深耕深松、精量播种、高效低损收获等自主研发的机械广泛应用。大马力拖拉机、北斗卫星导航自主作业、大型节水喷灌等设备已具备广阔应用前景。

三是在防灾减灾上。我们已经探明了粮食作物主要病虫害流行规律和成灾机理，开发了准确的预测预报技术，应用了一批安全、高效、绿色防控技术和药剂，保障了农业"有害不成灾"。

四是在智慧农业上。粮食作物遥感监测、水肥药精准施用、无人机植保等技术已广泛应用。随着农业大数据分析、5G农用技术、农业机器人等前沿技术突破，粮食生产智能化水平将进一步提高。

中国新闻社记者：

今年，巴基斯坦爆发了沙漠蝗虫灾害以后，中国派出了专家组，请问当地的情况怎么样？目前巴基斯坦和东非的蝗灾还在持续。请问农业农村部在参与国际治蝗方面还有哪些打算？谢谢。

隋鹏飞：

谢谢您的提问。东非、南亚等地区发生沙漠蝗灾害以后，中方高度重视，支持有关国家抗击灾情。针对巴基斯坦蝗灾，我们迅速行动，重点做了3件事。

一是定方案。根据中央部署，农业农村部会同外交部、国家国际发展合作署制定了援巴防灾防控紧急方案。

二是派出专家。2月23日，派出联合专家组，赴巴工作12天，与巴方一道现场勘察，共同确定应急防控和综合治理措施。

三是提供药物和药械。在抗击疫情期间"特事特办"，组织国内企业复工生产灭蝗农药，紧急调配药械，及时弥补了巴方防控物资短缺。3月9日，第一批农药、药械与援巴的防疫物资同机送达卡拉奇。4月25日，援助巴方的30万升农药和50台装备全部到位。中方援助受到巴方国内的高度关注和赞誉。

当前，巴基斯坦境内蝗灾的演进形势和我们专家的预判基本一致，第二波蝗群正陆续形成，也正是我们援助的药物和药械派上用场、开展大面积灭杀的好时机。东非的沙漠蝗灾也在持续发展，我们已经会同有关部门，做好了技术支持和物资装备援助的准备。从长远来说，我们还要抓紧落实在巴

基斯坦援建“巴中植物病虫害可持续治理中心”，同时，加强农业“南南合作”，为有关国家提供支持。谢谢！

农视网记者：

今年是全面建成小康社会目标实现之年，面对新冠肺炎疫情影响和经济下行压力加大，中央提出了“六保”任务，请问具体到农业农村领域有什么样的安排和考虑？谢谢。

魏百刚：

您提了一个大问题。落实中央“六保”任务要求，农业农村部将统筹做好农业农村各项工作，进一步围绕保障粮食安全、增加农民收入、加快“三农”补短板等重点工作，采取有力有效措施和超常规举措，努力把疫情造成的损失降到最低，为实现全面建成小康社会、决战决胜脱贫攻坚提供有力支撑，重点抓好4个方面工作。

一是全力以赴夺取粮食丰收。加强小麦中后期田间管理，抓好“一喷三防”，及时组织跨区机收，实现颗粒归仓，坚决打赢全年粮食丰收第一仗。

着力恢复早稻生产，突出抓好东北春播，稳定夏播面积，强化病虫害防控和气象灾害防御，确保全年粮食产量稳定在1.3万亿斤以上，把中国人的饭碗牢牢端在自己的手上。

二是切实抓好“菜篮子”产品生产。加快恢复生猪生产，落实好养殖用地、环评、贷款贴息等扶持政策，加强非洲猪瘟等重大动物疫病防控，确保年底生猪生产基本恢复到接近常年水平。继续抓好家禽、水产品、蔬菜和水果等生产，增加绿色优质副食品供给。

三是多措并举促进农民增收。大力发展优势特色产业，加快恢复乡村休闲旅游业，扩大“以工代赈”实施范围和规模，增加农民就地就近就业机会。加大创业补贴、贷款贴息等政策支持，引导返乡留乡农民工创业创新，扩大技能培训规模，配合有关部门继续做好农民工返岗复工工作，拓宽农民多元增收渠道。

四是加快“三农”领域补短板。用好抗疫特别国债和地方政府专项债，加强高标准农田、农产品仓储保鲜冷链物流设施等重大现代化牵引性工程建设。组织各地加快建设一批投资额大、影响面广的大工程、大项目。拓宽投融资渠道，有效引导、撬动金融和社会资本投入农业农村。谢谢。

每日经济新闻社记者：

目前，农业产业化龙头企业复工复产情况如何？龙头企业在应对新冠肺炎疫情中发挥了哪些作用？谢谢。

曾衍德：

农业产业化龙头企业是乡村产业发展的骨干力量。全国有各类农业产业化龙头企业9万家，其中国家级龙头企业1 542家。目前，龙头企业全面复工复产，在应对新冠肺炎疫情中作用显著，主要体现在以下3个方面。

第一，保障市场供给。龙头企业供给的主要是农产品，粮油类占市场1/3以上、“菜篮子”类占2/3，提供了城乡居民生活的主食产品、方便食品、预制菜肴、净菜净果等。可以讲，龙头企业是保障粮油和副食品供应的中坚力量。

第二，带动就业增收。一个是带动就业。龙头企业通过到岗就业、共享就业、灵活就业等形式，将提供大量就业岗位，其中超过70%为农民工。另一个是带动增收。龙头企业通过订单收购、利润返还、股权分红等形式，带动小农户与大市场有效衔接，让农民更多地分享产业链增值收益。

第三，引领产业升级。近些年，龙头企业利用互联网、物联网、大数据、云计算等信息技术，培育中央厨房、预制菜肴、无接触配送等新产业、新业态，引领乡村产业转型升级。据调度，2020年新冠肺炎疫情发生以来，龙头企业供应的方便食品、休闲食品、功能食品等，比2019年同期增长30%以上。

中国农村杂志社全媒体记者：

疫情对全球经济特别是贸易造成了严重影响，请问今年一季度我国农产品国际贸易形势如何？对后期走势有什么判断？谢谢。

隋鹏飞：

感谢您对农产品贸易形势的关注。由于疫情，一季度我国对外贸易额出现下滑，农产品贸易也受到影响，进口增幅低于往年同期，出口降幅多年少见。其中，进口370.8亿美元，增长8.9%，进口增加比较多的是肉类和大豆。出口162.3亿美元，下降5.6%，受影响最大的是水产品，出口额为2012年以来同期最低，同比降幅达18%。蔬菜、茶叶等特色优势农产品出口也略有下降。

目前，国际新冠肺炎疫情形势依然复杂，对我国农产品贸易的影响还将持续显现，要过3个坎儿。

一是国际需求萎缩。特别是餐饮、工厂、学校等对农产品的消费需求急剧下降，对农产品出口稳定市场、增加订单非常不利。根据我们调查，3月以来，不少农产品出口企业遭遇退单。

二是商贸往来受阻。全球主要的农产品、水产品展会几乎全部取消或推迟，近180个国家实施人员出入境限制，企业难以通过展会、现场考察等传统渠道拿到订单。

三是国际生产供应存在不确定性。现在全球粮食等主要农产品供应总体是宽裕的，但封国、封城的隔离措施，以及一些国家限制出口，放大了市场波动和恐慌情绪，增加了国际供应风险。

综合研判，二季度的农产品贸易形势不乐观，进出口可能进一步分化，出口受影响会更大。农业农村部将密切关注全球农产品供求和市场形势，抓好国家稳外贸各项政策措施落实，创新贸易促进方式，推动进口多元化，促进优势农产品出口，发挥农产品贸易对国内市场稳定、产业发展、农民增收的积极作用。谢谢。

香港中国评论通讯社记者：

我们知道，今年农业保供的压力很大，有人担忧，会不会因此放松了对生态环保的要求？请问农业农村部如何统筹推进农业生产与绿色发展？谢谢。

廖西元：

谢谢您的提问。绿色是农业的本色，近些年来，农业农村部深入贯彻新发展理念，把农业的绿色发展摆在突出的位置，推进减量增效、绿色替代、种养循环、综合治理，取得了明显的成效。化肥农药用得少了，猪圈里的粪污变成宝了，秸秆用得更好了，农膜回收率更高了。2020年我们将继续坚持农业绿色发展的方向不变，进一步加大工作力度。

一是着力强化政策支持。健全以绿色为导向的农业补贴制度，完善农业生态补偿机制，完善农业投入品减量使用、耕地分类管理、农业资源养护等管理办法。

二是着力实施农业绿色发展五大行动。在果菜茶优势生产区的175个县开展有机肥替代化肥行动；在585个畜牧大县开展粪污资源化利用行动；在200个县开展秸秆综合利用行动；在100个县开展农膜回收行动；以长江流域为重点，开展水生生物保护行动。

三是着力强化科技支撑。深化产学研协作，组织优势科研单位和企业，开展农业生态环保关键技术联合攻关，发布重大引领性农业绿色生产技术，推介100项优质安全、节本高效、生态友好的主推技术。

四是着力健全监测网络。织好农业生态环境保护监测“一张网”，完善4万个耕地土壤环境质量、240个农田氮磷流失、500个农膜残留、280个秸秆资源等国控监测点，强化监测评价，一体化推进督导考核。谢谢。

科技日报社记者：

据了解，这次新冠肺炎疫情对贫困地区产业发展产生了较大影响。今年是脱贫攻坚收官之年，请问目前全国产业扶贫总体进展如何？如何在疫情影响之下做好产业扶贫工作？谢谢。

魏百刚：

谢谢您的提问。近年来，贫困地区特色产业快速发展，据我们统计，全国832个贫困县中，每个贫困县都形成了2～3个特色鲜明、带贫面广、有竞争力的扶贫主导产业，有条件的贫困村都建立了特色产业基地，建档立卡贫困人口当中，90%以上得到了产业扶贫和就业扶贫支持，2/3以上主要靠外出务工和产业脱贫，产业扶贫已经成为覆盖面最广、带动人口最多、减贫效果最好、可持续性最强的扶贫举措。

2020年一季度，我们会同有关部门有力应对新冠肺炎疫情对产业扶贫的影响，采取了一系列针对性措施，取得了明显成效。目前，带贫龙头企业基本复工复产，外出务工贫困劳动力已经有90%左右返岗复工。近期，农业农村部会同国务院扶贫办（全称国务院扶贫开发领导小组办公室）召开会议，就“三区三州”和52个未摘帽贫困县产业扶贫工作进行研究部署，将各项政策更多地向贫困地区，特别是“三区三州”深度贫困地区以及52个未摘帽贫困县倾斜。重点抓好4个方面的工作。

第一，强化农产品产销衔接。加大农产品仓储保鲜冷链物流设施建设力度，组织龙头企业、批发市场、电商平台开展专项对接，加强品牌打造和宣传推介，推动贫困地区特色农畜产品出村进城。

第二，推进扶贫产业提质增效。指导贫困县进一步完善特色产业发展规划，推动资金、项目、科技、人才等资源更多地投向扶贫产业，加快改善产业基础设施，持续打造“一村一品”“一县一业”“一片一特”，让贫困地区扶贫产业不断地做大做强、可持续发展。

第三，大力培育联贫带贫主体。在“育主体”“带农户”上下更多功夫，组织龙头企业到贫困地区投资兴业，特别是提高农民合作社和家庭农场的带贫能力，强化技术指导和社会化服务，把贫困户引入现代农业发展轨道。

第四，积极推动返乡留乡贫困劳动力就业创业。农业农村部将会同有关部门，积极推动扩大"以工代赈"投资建设领域和实施范围，鼓励农村各类主体优先吸纳贫困地区农村劳动力就业，加大创业补贴、贷款贴息、技能培训等政策支持，引导贫困地区农民创新创业，开辟更多当地就业岗位，让他们能够就近就地就业。谢谢。

农民日报社记者：

疫情给今年的农业生产带来不少影响，引起民众对粮食安全供给问题的担心。我的问题是，在农业科技方面，农业农村部对做好春耕备耕，确保农业生产平稳发展采取了什么措施？发挥了什么样的作用？谢谢。

廖西元：

谢谢您的提问。2020年年初以来，农业农村部针对疫情，充分发挥科技在抗疫情、抢农时、保生产方面的重要作用，农业科技工作有以下3个特点。

一是行动早。疫情之初，我们就迅速号召全国农业科研院所、涉农高校、农技推广机构共60多万科技人员投身春耕备耕，做到人员动员早。及时通过各种方式，了解墒情、苗情和病虫害等情况，准确判断生产形势，做到情况掌握早。根据不同的区域特点，出台农作物生产技术指导意见，做到技术措施发布早。

二是举措实。在技术推广方面，我们针对疫情影响，推广了免耕播种、工厂化育秧、无人机打药等轻简化生产技术。在专家指导方面，组织科技人员深入一线开展精准指导，比如康振生院士2月初就到田间开展小麦苗情调查，进行条锈病防治指导。罗锡文院士到多地指导水稻机械化生产，忙的时候顾不上吃饭，就在田头吃盒饭。在分区服务方面，针对中原粮仓、江南水乡、东北黑土地等不同区域的春季生产问题，提出管用的技术解决方案。

三是手段新。我们使用了新的服务载体，充分发挥信息化的优势，依托中国农技推广信息平台，随时回答农民的问题。目前，在中国农技推广信息平台上，已有40万农技人员、7 000多名专家在线服务，解答了600多万个春耕生产问题。我们推行了新的生产方法，加大机器换人、北斗导航作业等新技术应用，缓解疫情期间劳动力短缺的问题。我们采用了新的传播方式，用长图、短视频传播新成果、新技术，让智能机器人自动回答农民的常规问题，一批专家教授通过直播成为“网红”，这些方式受到广大农民的热烈欢迎。谢谢。

羊城晚报社记者：

这段时间，受新冠肺炎疫情的影响，游客人数锐减，乡村休闲旅游的形势很严峻。请问，乡村休闲旅游目前的复工复市进展情况如何？下一步，推动恢复营业方面有哪些政策措施？谢谢。

曾衍德：

乡村休闲旅游是乡村新兴产业，随着城乡居民消费升级，乡村休闲旅游成为人们的一个新选择。2019年，乡村休闲旅游接待游客32亿人次，营业收入超过8 500亿元。2020年，受新冠肺炎疫情影响，乡村休闲旅游经营一度停摆，行业发展受到较大冲击。

3月以来，乡村休闲旅游业逐步复苏。表现为“三稳”：一是复工复市率稳步提升。4月以来，全国乡村休闲旅游业复工复市率超过60%，其中南方地区复工复市超过八成。二是接待游客量稳步增多。4月以来，累计接待游客1.5亿人次，达到2019年同期的三成。三是营业收入稳步增加。4月以来，经营收入达400亿元，接近2019年同期的30%。

当然，目前乡村休闲旅游复工复市还面临不少困难和问题。下一步，推进乡村休闲旅游复工复市，重点抓好以下措施。

第一，政策扶持推动。重点是落实好中央应对新冠肺炎疫情、支持中小微企业的信贷、税收、社保等扶持政策。同时，鼓励地方出台财政补助、税费减免、用地保障等政策。

第二，提振信心拉动。现在看，一些消费者对疫情还有担忧，消费信心还需提振。重点是两个方面：一个是激励消费。比如江苏、浙江等地发放乡村休闲旅游消费券，让城乡居民“有钱”到乡村休闲。另一个是休假鼓励。比如浙江、江西、河北等地试行2.5天休息制度，让城乡居民“有闲”到乡村休闲。

第三，创新业态带动。提升农家乐等传统业态，发展精品民宿等高端业态，探索健康养生等新型业态。

春暖花开季节，正是望山看水忆乡愁的好时候。随着疫情的有效控制，乡村的好山好水好风光、老锅老灶老味道、土生土长土特产、原汁原味原生态，我想这些将吸引更多的城乡居民到乡村休闲旅游。谢谢。

文汇报社记者：

据了解，农民对生产经营技能培训有很迫切的需求，请问在新冠肺炎疫情影响下，农业农村部有哪些办法保障培训的质量和效果？谢谢。

廖西元：

感谢您对农民的关心关注。农民培训是提升农民综合素质和生产经营能力的重要途径。经过多年培育，我国已经形成一支共计1 600万人的高素质农民队伍，在现代农业发展进程中起到了重要作用。

广大农民对新技术、新信息、新技能有迫切需求，为保障培训质量和效果，我们将做好4个方面的工作，帮助农民稳生产、打销路、找活干。

一是推行更加灵活便捷的培训方式。把线下与线上培训结合起来，办好田间地头、生产一线的培训，也把课堂搬上电视、搬进网络、搬到直播间，2020年将举办在线培训班1.2万期次以上。利用云平台，让所有农民都可以参加云学习，灵活便捷地了解政策、学习技术、获取信息。

二是开发更多丰富、有效的学习资源。围绕粮食、生猪等重要农产品生产和优势特色产业，组织涉农院校、科研院所、推广机构等开发建设优质培训资源，满足农民朋友的多元化需求。目前，我们已开发200学时在线培训资源，一些急需的田间管理、病虫害防治、农产品营销等培训资源正在加紧上线。

三是注重培育高素质农民的带动能力。培训新型农业经营主体带头人和服务主体带头人，以大户带小户。面向扶贫主战场，培训产业带头人，特别要在52个挂牌督战贫困县加大这方面的工作力度。对于留乡返乡有创业意愿的农民，帮助他们补上技术技能短板，促进就近就地务农就业。

四是加强参训农民的延伸服务。以培训为纽带，增强农民合作与互助，对接金融信贷和农产品电商等服务，帮助农民朋友解决实际困难。

中央广播电视总台央视中文国际频道记者：

4月21日，20国集团农业部长召开了应对新冠肺炎疫情的特别会议，请你们介绍一下这次会议的成果？另外，接下来中国和其他成员国将如何一起面对疫情给全球农业带来的影响？谢谢。

隋鹏飞：

谢谢您的提问。这次特别会议是在3月26日20国集团领导人特别峰会之后，为应对全球疫情下的粮食和农业安全问题召开的。农业农村部韩长赋部长出席会议并强调，中方将坚决贯彻习近平主席在20国集团领导人特别峰会上的讲话精神，与各方一道共同维护世界粮食安全。人类是命运共同体，越是在灾难面前，越应同舟共济；农业是稳定经济社会的“压舱石”，越是面对风险，越要稳住农业。中国农业经受住了这场突发疫情的重大考验。中方发言得到了各方高度认可。

20国集团农业部长和有关国际组织负责人，围绕稳定农业产业链和保障粮食安全发表意见，会议取得重要成果。

一是发出了维护世界粮食安全的清晰、坚定的声音。各方表示，共同的危机需要团结一致的应对，要在政策协同、信息交流、经验分享等方面强化合作，支持国际组织发挥更大作用。

二是就减少贸易限制达成共识。要遵守WTO（全称World Trade Organization，世界贸易组织）规则，避免采取不合理的贸易限制，保证紧急措施的针对性、透明性、适当性和临时性。

三是就稳定全球农产品供应提出方案。20国集团大宗粮食生产占全球的78%，农产品贸易占75%，各方一致认为，重要的是确保粮食市场供应链正常运转，加大对农民和中小企业的支持，稳定国际社会预期和信心。

下一步，农业农村部将认真落实这次特别会议的共识。最为重要的是，抓好我国粮食生产和农产品供应，在特殊时期作出对全球粮食安全的中国贡献。强化与国际组织和有关国家的协同，加大力度支持农业“南南合作”和经贸往来。在20国集团农业部长会议机制下，协调推动消除贸易壁垒，畅通国际物流，促进国际农产品生产、市场和贸易稳定。谢谢。

米锋：

谢谢，今天几位嘉宾为我们介绍了疫情期间农业农村经济发展的相关情况。当前，湖北省、武汉市疫情防控已经从应急性超常规的防控向常态化防控转变，驰援湖北的各支医疗队已经陆续结束隔离休养，回到了工作岗位，大家可能对他们在湖北期间的工作很关注。从明天开始，我们将陆续邀请一些援鄂医疗队走上发布台，请他们讲述亲身经历和他们与湖北医务人员一起，与英雄的湖北人民一起抗击疫情的故事。明天我们将首先邀请北京医院援鄂医疗队，请他们的相关专家来共同回答媒体的提问。欢迎大家继续关注，也欢迎把问题提前留给我们。今天的发布会到此结束。谢谢大家。

第四部分

农业农村部新闻办公室新闻发布会

10. 2019年12月份生猪生产形势新闻发布会

一、基本情况

2019年12月份生猪生产形势新闻发布会

时　间	2020年1月8日（星期三）上午10时	
地　点	农业农村部新闻发布厅	
主　题	2019年12月份生猪生产形势	
发布人	农业农村部副部长	于康震
	农业农村部畜牧兽医局局长	杨振海
主持人	农业农村部总农艺师、新闻发言人、办公厅主任	广德福

二、现场实录

广德福：

女士们、先生们，新闻媒体的朋友们，大家上午好！欢迎参加农业农村部新闻办公室举行的例行发布会。按照惯例，生猪生产形势例行发布会在17号举行，考虑到今年春节时间比较早，生猪生产又是目前百姓特别关心的问题，昨天，2019年12月生猪生产数据刚一出来，今天就提前召开生猪生产的例行新闻发布会，第一时间发布相关信息。今天我们很高兴邀请到农业农村部副部长于康震先生，为我们介绍2019年12月份生猪生产形势，并回答记者朋友的提问。出席发布会的还有农业农村部畜牧兽医局局长杨振海先生。下面首先请于康震副部长向大家介绍有关情况。

于康震：

女士们、先生们，媒体朋友们，大家上午好！感谢大家对生猪生产形势的关注。猪肉是城乡居民的重要“菜篮子”产品，加快恢复生猪生产，保障

猪肉市场供应，中央高度重视，社会高度关注。春节将至，大家都很想了解当前生猪生产恢复情况和节日期间猪肉供应保障问题。下面，我就相关情况作一简要介绍。2019年12月21日，农业农村部组织召开恢复生猪生产保障市场供应工作会议。会议强调，要扎实做好春节和全国“两会”期间的猪肉供应保障工作，确保肉食品市场供应和价格基本稳定。做好猪肉保供稳价工作，最根本的是要加快恢复生猪生产。农业农村部坚决贯彻落实党中央、国务院决策部署，将生猪稳产保供作为当前“三农”工作的重大任务，千方百计增加生产，保障春节和全国“两会”期间猪肉市场供应。

一是压实责任。目前，各地生猪稳产保供目标任务均已落实到省、细化到县。我们将持续加强生产调度，对标对表督促落实。

二是落实政策。加强调度和督导，及时了解政策落实中存在的死角和突出问题，推动政策落实到场到户。

三是“抓大不放小、以大带小”恢复生产。组织15个龙头企业与16个贫困市（州）签订生猪发展项目19个，每年可新增产能2 200万头，实现产业扶贫和生猪生产恢复同步推进。

四是强化冬春季节非洲猪瘟防控。面向全国所有养殖场户和动物防疫人员，举办“全国非洲猪瘟防疫和复养技术大讲堂”远程培训，提高生物安全防护水平，坚决防止非洲猪瘟疫情反弹。

五是强化肉品质量安全监管。在全国范围内开展生猪屠宰环节大检查，派出10个工作组赴10个重点省份开展督导检查；加强部门联动，协同作战、严查重处违法犯罪行为，确保肉品质量安全。

在各项政策措施和市场行情的带动下，养殖场户增养补栏信心不断增强，全国生猪产能继续保持恢复向好势头。

一是基础产能持续恢复。2019年12月份，全国能繁母猪存栏环比增长2.2%，连续3个月环比增长，比9月份增长了7.0%，显示全国生猪基础产能回升势头逐步稳固。12月份，猪饲料产量环比增长2%，连续4个月增长；其中母猪饲料大幅增长10%，这也说明全国生猪基础产能在积极恢复。

二是规模猪场产能恢复更快。据监测，2019年12月份，全国年出栏5 000头以上规模猪场生猪和能繁母猪存栏环比分别增长2.7%和3.4%，均连续4个月增长，能繁母猪存栏环比增幅高于全国平均水平。

三是生猪出栏量显著增加。据监测，2019年8—11月，生猪出栏环比持续下降，12月份止降回升，环比大幅增长14.1%，有效缓解了猪肉供应紧张的局面。

四是前期生产恢复较早的东北、西北和黄淮海地区生猪产能进一步释放。12月份，内蒙古、黑龙江、山东、陕西、甘肃和宁夏等省份生猪出栏环比增幅明显高于全国平均水平。总的来看，2019年12月份生猪生产恢复形势继续向好，为2020年加快恢复生猪生产奠定了坚实基础。我先介绍到这里，谢谢大家。下面，我和我的同事愿意回答大家的提问。

广德福：

感谢于康震副部长。下面请记者朋友就今天发布会的主题进行提问，提问前请通报所代表新闻机构。开始提问。

中央广播电视总台央视记者：

这个月元旦刚过，马上就要到春节了，现在老百姓对猪肉的供应非常关心。请问春节期间猪肉的供应形势将会如何？谢谢。

于康震：

春节是我们国家最重要的传统节日。老百姓过节要吃肉，所以农业农村部对保障春节期间猪肉等“菜篮子”产品的供应高度重视，持续加大工作力度，推动各项扶持政策能够落实落地，促进生产加快恢复发展，增加市场供应。从生产供应看，生猪生产继续保持恢复发展的良好势头。一些养猪场户前期压栏的肥猪开始集中出栏上市。春节前，肥猪上市供应量大幅增加。据监测，刚刚过去的12月份，生猪出栏比11月份增长了14.1%。这与8—11月份生猪出栏持续下降的情况完全不同。从消费监测数据看，12月份集贸市场猪肉零售交易量环比增长了11.7%。供应增速高于消费需求增速，猪肉供需矛盾有所缓解。另外，12月份出栏肥猪的重量明显增加，表明目前压栏的大猪偏多，春节前，这些大猪都将逐步出栏。加上商业储备、政府储备和进口增加的猪肉都会陆续投放，我们预计春节期间的猪肉供需总体是平稳的。同时，各级农业农村部门加强了屠宰环节对肉品质量的安全监管，严厉打击屠宰病死猪、注水注药、私屠滥宰等违法违规行为。开展这项工作，就是要让老百姓能吃上肉、放心吃肉。谢谢。

中央广播电视总台央广记者：

于部长刚才提到近期在全国开展了生猪屠宰环节的大检查工作，能否介绍一下这个大检查工作的情况。谢谢。

于康震：

为保障春节期间猪肉供给和质量安全，农业农村部在全国范围内组织开展了生猪屠宰环节大检查，要求在1月10日前全面完成。对全国所有的生猪屠宰企业全覆盖，不留死角。根据屠宰企业生产规模的大小，由省、市和县级农业农村部门分别检查。农业农村部已派出10个工作组，对10个重点省份的部分大型连锁屠宰企业直接进行抽查。这次大检查主要聚焦以下几个重点：一是紧盯屠宰环节非洲猪瘟自检和官方兽医派驻2项制度的落实情况，确保屠宰企业按照“批批检、全覆盖”的要求开展非洲猪瘟检测，降低非洲猪瘟通过屠宰环节扩散的风险。二是紧盯屠宰企业质量安全主体责任的落实，确保屠宰企业严格开展肉品品质检验，强化待宰管理，保障上市生猪产品质量安全。三是紧盯屠宰企业库存产品，严防屠宰企业储存不合格的产品，防范食品安全风险。四是紧盯屠宰企业的安全生产，督促健全安全生产制度，加强安全隐患排查，落实屠宰企业安全生产主体责任。对检查中发现的问题，短期内能整改的要立即改正，长期整改才能见效的要限期停业整顿，无法整改或者不符合屠宰企业设立条件的要坚决取缔，绝不姑息。

俗话说“过了腊八就是年”，临近春节，生猪产品的消费开始进入高峰，不法分子私屠、滥宰、屠宰加工病死猪等违法行为易发多发。我们已部署各级农业农村部门会同公安、市场监管等部门，紧盯重点时间节点、重点地区，加大对养殖、运输、屠宰、加工、经营等生猪产品全链条、各环节的检查力度，协同作战，严查重处违法犯罪行为，确保人民群众舌尖上的肉品安全。谢谢。

经济日报社记者：

去年以来，国家出台了一系列扶持生猪生产的政策。请问各地落实情况如何？谢谢。

于康震：

请杨局长回答。

杨振海：

谢谢您的提问。2019年8月以来，农业农村部会同相关部门出台了一系列扶持生猪生产的政策措施，政策含金量之高，多年少有。我们在基层调研的时候，养猪场户都表示非常满意。目前，各地正在扎实落实各项政策，取得了明显进展。具体表现在几个方面。

一是支持规模养猪场加强基础设施建设。2019年，中央预算内投资安排生猪规模养殖场建设补助项目资金3亿元，目前项目资金已拨付到县，各地正按批复开工建设。2020年，将继续安排项目资金用于支持新建、改扩建种猪场、规模猪场。

二是加大生猪生产财政补贴力度。中央财政新增生猪调出大县奖励资金

7亿元和非洲猪瘟强制扑杀补助资金2.2亿元，已经拨付到县。截至目前，各地已落实种猪场和规模猪场贷款贴息资金4亿元左右，适用于生猪生产的农机购置补助机具品种目录扩大到22个，涉及自动饲喂、环境控制、疫病防控、废弃物处理4类，已使用补贴资金1.8亿元，支持7.2万个养猪场户购置机具7.6万台。

三是加大信贷保险支持力度。据银保监部门初步统计，银行业金融机构生猪养殖业贷款余额1 980亿元，保险业共承保能繁母猪1 885万头，育肥猪近3亿头，辽宁、广东等省份积极稳妥开展生猪活体抵押贷款，肇庆市开展了首批4 000头活猪抵押贷款，银行授信3 000万元，首批贷款500万元。

四是进一步规范禁养区管理。生态环境部会同农业农村部印发通知，指导、督促各地开展禁养区的划定情况排查，并派出20个工作组赴200个生猪养殖大县开展集中督导，所有超出法律法规规定的禁养区将全部清理纠正。

五是畅通仔猪和冷鲜猪肉"绿色通道"。据交通运输部门初步统计，2019年9—11月，全国共减免仔猪及冷鲜猪肉运输车辆通行费2.3亿元，受益车辆107.8万辆次。

六是完善生猪养殖用地政策，简化环评手续。针对用地难、环评难等问题，农业农村部协同自然资源部、生态环境部和国家林草局等部门，进一步完善了设施农业用地政策，明确了利用林地发展生猪养殖的政策，启动环评告知承诺制试点。暂停执行兴办动物饲养场选址距离规定，由各地根据风险评估确认选址。

下一步，我们将发挥恢复生猪生产协调办公室作用，加强政策落实情况调度，协调解决政策落实中的突出问题，确保各项政策落实到养猪场户，进一步调动生猪生产的积极性。谢谢。

农民日报社记者：

现在猪肉价格比较高，消费者会增加其他替代畜产品，比如禽肉、蛋、奶等消费，春节期间禽肉、蛋、奶供应情况如何，能不能保障消费者的需求？谢谢。

杨振海：

谢谢您的问题。2019年以来，牛羊、家禽养殖的效益都比较好，养殖场户生产积极性非常高。牛羊肉、禽肉、鸡蛋和牛奶生产全面增长。据农业农村部监测，2019年全年，肉鸡出栏同比增长13.2%，水禽增加更多，初步测算，禽肉产量增幅在15%以上，增产约300万吨，这是历年少有的。牛羊肉产量约增长3%。鸡蛋产量增长5.7%，牛奶产量增长5.7%，增幅都显著高于近5年来的平均水平。总的来看，牛羊肉、禽肉、禽蛋、牛奶市场供应十分充足，这是畜牧业供给侧结构性改革的成果，既可在一定程度上填补猪肉供应缺口，又能丰富老百姓的“菜篮子”，改善膳食结构。谢谢。

人民日报社记者：

冬春季节是大多数传染病高发的季节，请问当前非洲猪瘟的防控形势如何？下一步是否会更严峻？谢谢。

于康震：

我是一名兽医，所以这个问题由我来回答吧。当前，非洲猪瘟防控的形势总体来说，一句话——“依然复杂严峻”。从2018年8月3日，我国确诊发生第一例非洲猪瘟疫情，到现在全国共报告发生了162起非洲猪瘟疫情，共扑杀120万头染疫生猪。全国还有云南省1起疫情尚未解除封锁。言下之意，其余的30个省（自治区、直辖市）的疫情已经全部解除封锁。2019年，刚刚过去的这一年，全年全国共报告发生了63起非洲猪瘟疫情，共扑杀生猪39万头，除4月份之外，其他11个月的疫情发生数都保持在个位数。与此同时，全球非洲猪瘟疫情形势十分严峻，严峻到什么程度呢？我给大家一个数字。共有27个国家发生了14 600多起非洲猪瘟疫情。

我介绍的以上情况，一方面说明我国非洲猪瘟防控成效是显著的，数字一对比就能看出来。但是另一方面，我们要清醒地认识到，我国非洲猪瘟病毒已经形成了较大的污染面，因为所有的省（自治区、直辖市）都发生了，污染面非常大，预计疫情将来还会在我国呈点状发生，所以防控形势依然严峻复杂。尤其需要特别注意的，冬春季节本来就是动物疫病的高发季节，非洲猪瘟也是如此。我们还要考虑到疫情发生的风险将随着生猪存栏的快速增加而增大，这很容易理解。再加上春节前生猪和猪肉产品调运增多，所以疫情发生和传播的风险会大大增高。这是我们当前需要特别重视的季节性特点。

对此，我们绝对不能掉以轻心。特别是在北方地区，现在气温都在冰点以下，很多消毒措施很难到位，因为水泼出去就冻成冰，消毒措施如果落实不到位，疫情发生的可能性就更高。可以说，各项政策措施落地之后，现在看来，疫病防控将可能成为制约生猪生产恢复发展的最大风险因素。针对非洲猪瘟防控的严峻复杂形势，近期，农业农村部在持续强化监测、排查、报告、处置等工作的基础上，面向全国所有养殖场户和动物防疫人员举办了全国非洲猪瘟防疫和复养技术大讲堂、远程培训，组织各地开展“大场带小户”技术培训，压实各方责任，提高防控能力。同时，将根据防控形势的变化，及时调整、优化非洲猪瘟疫情处置方案，继续督促指导各地落实好各项防控措施，努力降低疫情传播和发生的风险，确保疫情不反弹，为生猪生产的恢复发展保驾护航。谢谢。

农视网记者：

前段时间，农业农村部公布了恢复生猪生产的热线电话，我想了解的是这个热线电话收到了群众反映的哪些问题？主要集中在哪些方面？这些问题是如何解决的？谢谢。

杨振海：

谢谢您的提问。2019年11月22日，农业农村部公布了政策咨询电话和非洲猪瘟疫情举报电话。截至昨天，即1月7日，共接到养殖场户咨询政策和反映问题的电话370个，咨询和举报非洲猪瘟疫情的电话191个，平均每天接到12个电话。在生猪生产扶持政策方面，养殖场户咨询和反映的情况，涉及养殖用地的约占29%，涉及环保禁养区管理的约占10%，涉及生产扶持政策和资金补贴的约占17%，涉及地方政府禁养或者审批、落实困难的约占14%，其他笼统性政策咨询约占30%。反映的问题中属于政策顶层设计层面的，我们已通过恢复生猪生产协调办公室向有关部委转达进行研究。其他具体问题我们已经转交各地尽快了解核实情况、解决问题，确保政策落实落地。有的养殖户再次打来了电话，表示前期反映的问题已经得到了解决。疫情举报电话有10个，我们全部受理，并逐例进行核查。其中农业农村部直接核查4起，责成地方核查6起，查实1起。9起查无实据的，已向举报人逐一反馈。对查实的1起，我们已督促当地依法依规严肃处理。后续，我们将按照《非洲猪瘟疫情有奖举报暂行办法》的规定，对该起疫情的举报人给予奖励。我们将继续坚持和完善非洲猪瘟疫情举报的受理、核查、处置和举报人奖励机制，争取把疫情尽快压下去。谢谢。

广德福：

再次感谢媒体朋友的大力支持，今天的新闻发布会到此结束。新春就要到了，也给大家拜个早年，祝大家新年万事如意！希望大家多多关注“三农”、多多支持“三农”、多多宣传“三农”正能量。

11. 2019年重点农产品市场运行情况新闻发布会

一、基本情况

2019年重点农产品市场运行情况新闻发布会

时　间	2020年1月15日（星期三）下午3时	
地　点	农业农村部新闻发布厅	
主　题	2019年重点农产品市场运行情况	
发布人	农业农村部市场与信息化司司长	唐　珂
	农业农村部畜牧兽医局二级巡视员	王俊勋
主持人	农业农村部办公厅副主任	宁启文

二、现场实录

宁启文：

女士们、先生们、媒体朋友们，大家下午好。欢迎参加农业农村部新闻办公室举行的新闻发布会。今天发布会的主题是介绍2019年重点农产品市场运行情况，今天很高兴邀请到农业农村部市场与信息化司司长唐珂先生、畜牧兽医局二级巡视员王俊勋先生，为我们介绍有关情况并回答大家提问。首先请唐司长向大家通报有关情况。

唐珂：

女士们、先生们、媒体朋友们，大家下午好，欢迎大家参加例行发布会，还有不到10天就是新春佳节了，首先我代表农业农村部市场与信息化司给大家拜个早年，祝大家幸福安康，感谢大家长期以来对农业农村市场信息工作的关心和支持。临近春节，正是集中采购年货的时候，大家对农产品市场运行形势尤为关注。下面，我就2019年重点农产品市场运行情况和2020年展望，以及农业农村市场信息领域有关重点工作，向大家作一简要通报。

2019年以来，在农业内外部多重不确定性因素冲击下，部分农产品价格波动幅度较大，但市场供给总体充足、价格涨幅有限，品种间走势分化明显，呈现“一稳、一涨、一波动”特征。“一稳”是指粮棉油糖等大宗农产品生产稳、库存足，市场运行基本平稳，继续发挥农产品市场“压舱石”作用；“一涨”是指猪肉市场供给偏紧、价格涨幅较大，带动畜禽产品价格总体走强；“一波动”，是指水果、蔬菜价格前高后低，受不利天气影响，价格波动幅度较大，但总体仍符合季节性规律。从主要品种看：

稻谷、小麦：生产稳、库存足，价格有所下跌。2019年，稻谷、小麦生产一减一增，口粮总产量保持稳定，库存处于历史高位，市场价格偏弱运行，新粮上市后，小麦、早籼稻、中晚稻最低收购价执行预案陆续启动。12月份，晚籼稻、粳稻市场收购价分别为每斤1.20元、1.32元，同比跌6.3%和7.7%；郑州粮食批发市场普通麦、优质麦价格分别为每斤1.18元、1.24元，同比跌4.4%和6.5%。

玉米：产需有缺口、库存仍充裕，价格小幅波动。受种植结构继续调整影响，2019年，玉米面积略减，但主产区气象条件总体好于上年，玉米产量增1.4%。受生猪产能下降影响，猪用玉米饲料消费减少，但肉禽等替代品饲料消费增长明显，玉米饲料消费总体小幅下降。玉米深加工新开工项目增加，工业消费刚性增长。2019年，玉米产需缺口在500亿斤左右，但由于库存水平较高，玉米供需关系仍保持平衡偏宽松的格局，市场运行基本平稳。秋季新玉米上市后，华北、东北主产区价格小幅回落。12月份，玉米产区批发价每斤0.92元，环比跌1.2%，同比跌2.8%。

大豆：进口继续减少，价格以稳为主。受中美经贸摩擦影响，大豆进口小幅下降，进口来源向巴西、阿根廷进一步集中。1—12月，青岛港口大豆进口到岸税后价先跌后涨，在每斤1.55～1.65元小幅波动。12月份，山东地区中等豆粕出厂价每吨2 930元，环比跌4.4%，同比跌2.2%。国产大豆产量继续恢复增长，市场购销两旺，价格稳中走强。

猪肉：生猪产能年底前逐步恢复，价格持续上涨后有所回落。2019年以来，受“猪周期”、非洲猪瘟疫情、部分地区不合理禁限养等因素叠加影响，生猪产能下降较多，猪肉市场供给持续偏紧，价格涨幅较大。10月份以来，随着国家和地方一系列生猪稳产保供政策措施密集出台、落地，养殖场户增养补栏信心增强，全国生猪生产止降回升，市场预期趋稳，猪肉价格有所回落后保持总体稳定，12月，猪肉批发均价每公斤43元左右。受猪价上涨带动，牛羊禽肉、禽蛋、牛奶价格总体走强，但这些产品生产增加较多，市场供给充足，涨幅明显低于猪肉。

展望2020年，我国粮棉油糖等大宗农产品供给总量仍相对宽松，生猪产能有望逐步恢复，市场继续保持平稳运行具有较好的基础，全年农产品价格水平涨幅有望回落，但部分品种阶段性波动风险需密切关注。

借这个机会，我简要介绍一下农业农村市场信息领域的重点工作。2019年12月25日，农业农村部召开了全国农业农村市场信息工作会议，部署了2020年及未来一个时期内农业农村市场信息领域的重点任务。一是加快启动实施"互联网+"农产品出村进城工程，2020年重点开展好100个试点县建设工作。二是深入推进信息进村入户，2020年要完成覆盖80%行政村的目标。三是强化监测统计和分析预警，4月20日，组织召开2020年中国农业展望大会，发挥好数据对管理和决策的支撑作用。四是全面加强品牌建设，做大做强中国特色农产品优势区，大力推进贫困地区农产品产销对接，办好5月20日第四届中国国际茶叶博览会和11月27日开幕的第十八届中国国际农产品交易会。五是加快推进市场流通体系建设，启动农产品仓储保鲜冷链物流设施建设工程，着力提升农产品产地商品化处理能力。六是抓好都市现代农业建设，继续强化"菜篮子"市长负责制落实。七是以"庆丰收、迎小康"为主题，办好中国农民丰收节，力争再精心组织实施1年后，让丰收节成风化俗，具有持续强劲的影响力、号召力、凝聚力。

这里，我向大家重点介绍一下"互联网+"农产品出村进城工程的有关情况。经国务院同意，2019年12月16日，农业农村部与国家发展改革委、财政部、商务部联合印发了《关于实施"互联网+"农产品出村进城工程的指导意见》。主要思路是，改造提升全产业链，建立适宜网络销售的供应链体系、运营服务体系和支撑保障体系，促进农产品顺畅销售、优质优价，解决好小农户对接大市场难题，助力脱贫攻坚和农业农村现代化。下面我和我的同事愿意回答大家的提问。

宁启文：

感谢唐珂司长的介绍，下面请记者朋友就今天发布会的主题进行提问，提问时请通报所代表的新闻机构。下面开始提问。

中央广播电视总台央视记者：

春节就要到了，您能不能介绍一下猪肉供应形势？猪肉价格能否保持平稳？谢谢。

王俊勋：

谢谢你的提问。春节是咱们百姓最重视的传统节日，也是一年中猪肉消费的高峰，所以保障好春节期间猪肉等“菜篮子”产品供应十分重要。农业农村部对此高度重视，千方百计加快生猪生产恢复和发展，增加市场供应。从12月份的监测情况看，一些养猪场户前期存栏的肥猪开始集中出栏上市，12月，生猪出栏环比增加14.1%，出栏平均活重达到前所未有的128.5公斤，

综合测算，猪肉产量将增加17.1%；从消费监测数据看，12月份，集贸市场猪肉零售交易量环比增长11.7%。虽然供需两方面都在增加，但猪肉供需矛盾有所缓和。据我们了解，目前存栏的大猪还有一定数量，春节前将逐步出栏，一些屠宰加工和流通企业的库存正陆续出货，政府储备和进口猪肉也在陆续投放，加上南方做腊肉、北方杀年猪的高峰期马上就要过去，这些积极因素都不支持春节前猪肉价格进一步上涨。从价格变化看，近10年来，每年1月，上旬生猪和猪肉价格涨多跌少，呈现“7涨1平2跌”的特点。2020年的情况跟正常年份同期价格变化规律大致相同。另外，2019年，牛羊肉、禽肉、鸡蛋和牛奶生产全面增长，按监测数据初步测算，禽肉产量增幅在15%以上，牛羊肉产量约增长3%，鸡蛋产量增长5.7%左右，这些产品市场供应充裕，这既在一定程度上填补猪肉供应缺口，又能满足和丰富老百姓的“菜篮子”。谢谢。

农民日报社融媒体记者：

去年12月以来，蔬菜价格有所上涨，请问主要原因是什么？春节期间蔬菜价格走势会是什么样的？

唐珂：

谢谢，农产品生产有周期性和季节性，因此价格在一定幅度内波动是正常的。刚才你说的蔬菜价格这段时间在持续上涨，我们也关注到，入冬以来，我国蔬菜价格进入季节性上升通道，2019年12月份，涨幅有所加大，农业农村部重点监测的28种蔬菜全国平均批发价每公斤4.56元，环比涨16.3%，同比高22.3%。按照往年情况，冬季大部分露地蔬菜上市量减少，“大棚菜”和“南菜”成为市场主供产品，生产和流通的成本相应增加，菜价一般都会出现较为明显的上涨。总的判断，当前蔬菜价格波动基本符合往年规律。价格环比涨幅偏大一些，主要是因为前期冬春蔬菜主产区有两轮雨雪降温天气，蔬菜跨区域流通受到阶段性影响，加之2020年春节较早，市场备货提前，导致短期价格上涨较快；价格水平高于2019年同期，主要是因为2019年上半年，菜花、豆角、黄瓜和西葫芦等部分品种价格低迷，菜农种植意愿降低、面积下降，导致市场价格涨幅较大，拉高了总体菜价。从后期走势看，由于2019年冬季气温正常偏暖，对北方设施蔬菜和南方陆地越冬蔬菜生产较为有利，蔬菜生产供给总体是有保障的。据农业农村部监测，2019年下半年，28种重点蔬菜全国批发市场累计交易量比上半年增4.7%，同比稳中有增。春节前如果不出现持续性大范围灾害性天气，菜价有望保持基本稳定，节后价格或稳中有降。对于前期价格明显高于常年的菜花、黄瓜、西葫芦等蔬菜品种，我在此提醒广大菜农2020年调整种植计划时要小幅慢行，注意防范过度扩种导致的价格大幅下跌和阶段性“卖难”风险。

中央广播电视总台央广记者：

2019年水果也是关注度较高的品种，请问2019年第四季度水果市场形势怎么样？后期价格走势如何？谢谢。

唐珂：

2019年，我国水果市场供给总体充裕，价格前高后低、波动幅度相对较大，但仍大体符合往年季节性规律。上半年水果价格持续走高，6月份，苹果和梨批发价格同比涨幅超过1倍，主要是由于2018年苹果、梨主产区春季遭遇“倒春寒”，减产幅度较大造成的。下半年，随着夏秋季水果大量上市，苹果、梨恢复增产明显，水果价格季节性下跌，从10月份开始低于上年同期水平，11、12月价格基本稳定，同比降幅在10%以上。从后期走势看，水果市场供给以库存果为主，成本有所增加，且消费处于旺季，预计春节前水果价格小幅上涨，但水果市场供给总量充足、品种丰富，尤其苹果入库率达到历史高位，多数地区冷库入库率达八九成，水果价格大幅度浮动的可能性不大，节后随着消费趋弱，价格将略有回落。由于2019年冬季气候偏暖，2020年上半年部分水果成熟期提前，果农应注意合理规划上市节奏，避免盲目早采抢市，保证果品质量，争取获得较好的收益。谢谢。

中国日报社记者：

前几天新闻发布会上介绍，近期农业农村部组织开展了全国屠宰环节大检查，能不能介绍一下大检查的结果？谢谢。

王俊勋：

谢谢你的提问。为保障春节期间猪肉供给和质量安全，农业农村部在全国范围内组织开展了生猪屠宰环节大检查，在1月10日前已全面完成，地方农业农村部门对目前在产的4 578家生猪屠宰企业开展了全覆盖检查。对于检查中发现的问题，采取立即整改、限期整改等措施。此外，农业农村部由4位部领导和7位司局长带队，对11个省份部分生猪屠宰企业进行监督抽查。从初步汇总的检查情况看，所有生猪屠宰企业均落实了非洲猪瘟自检制度，按照“批批检、全覆盖”的要求开展非洲猪瘟检测，地方农业农村部门依法向生猪屠宰企业派驻了官方兽医；所有生猪屠宰企业均建立并落实了生猪入厂查验、肉品品质检验、肉品出场管理、病害猪及病害产品无害化处理等规章制度，有效保障猪肉产品质量安全，让老百姓可以吃上放心肉。从屠宰企业生产情况看，近期生猪屠宰量稳步回升。据监测，11月份以来，生猪屠宰量连续10周环比增长。各地屠宰企业库存的70余万吨猪肉产品已陆续投放市场，增加市场供应。春节期间，农业农村部门将会同公安、市场监管等部门，继续加大执法力度，严查重处违法犯罪行为，保障节日期间猪肉产品质量安全。

农视网记者：

2019年，我国大豆继续增产，请问近期大豆市场行情如何？下一步会有怎样的变化？

唐珂：

我国国产大豆以食用为主，蛋白质含量高，与进口大豆已经形成相对独立的两个市场。先说说国产大豆。2019年国家实施大豆振兴计划，国产大豆面积扩、产量增、品质优，新豆上市后，加工企业、贸易商积极入市收购，农户销售进度快，市场呈购销两旺格局，价格稳中有涨。2019年12月，黑龙江国产食用大豆平均收购价每斤1.81元，环比涨2.4%，同比涨1.5%；山东国产大豆入厂价每斤2.11元，环比涨1.5%，同比涨5.1%，小幅上涨；大连商品交易所大豆主力合约收盘价每斤1.71元，环比涨3.0%，同比涨6.5%。

再来看进口大豆。中美经贸摩擦发生以来，我国自美国进口大豆减少，自巴西等国进口大豆增加，进口大豆市场供给有保障。据海关数据，2019年1—11月累计，我国进口大豆7 904万吨，同比小幅下降4.0%，其中自巴西进口占比67%。预计2020年，我国大豆进口总量将有所增加，能够满足生猪产能恢复后的豆粕需求。综合来看，2020年，无论是国产大豆，还是进口大豆及下游豆粕、豆油，市场价格都有望保持基本稳定。谢谢。

宁启文：

感谢两位发布人，感谢各位记者朋友，今天的发布会到此结束。

12. 2020年中国农民丰收节新闻发布会

一、 基本情况

2020年中国农民丰收节新闻发布会

时 间	2020年8月20日（星期四）下午3时	
地 点	农业农村部新闻发布厅	
主 题	2020年中国农民丰收节	
发布人	农业农村部副部长	于康震
	山西省副省长	王 成
	农业农村部市场与信息化司司长	唐 珂
	山西省运城市市长	储祥好
主持人	农业农村部总农艺师、新闻发言人、办公厅主任	广德福

二、现场实录

广德福：

女士们、先生们，媒体朋友们，大家下午好，欢迎参加农业农村部新闻办公室举行的新闻发布会。今天发布会的主题是2020年中国农民丰收节有关情况。经党中央批准，国务院批复，自2018年起，将每年的农历“秋分”设立为中国农民丰收节。今年9月22日为农历“秋分”，我们将迎来第3个中国农民丰收节，今年农民丰收节的主场活动设在山西省运城市。今天我们很高兴地邀请到农业农村部副部长于康震先生、山西省副省长王成先生，请他们为我们介绍有关情况，并回答记者的提问。出席今天发布会的还有农业农村部市场与信息化司司长唐珂先生，山西省运城市市长储祥好先生。下面，请于康震副部长向大家通报有关情况。

于康震：

女士们、先生们，媒体朋友们，大家下午好。2020年9月22日，农历“秋分”，我们将迎来第3个中国农民丰收节。2020年中央一号文件明确指出，以“庆丰收、迎小康”为主题，办好中国农民丰收节。6月23日，农业农村部办公厅印发《关于2020年中国农民丰收节有关工作的通知》以及《2020年中国农民丰收节组织实施工作方案》，作出了具体部署。下面我就2020年农民丰收节工作的总体要求、基本思路、重大活动等内容向大家作一个简单的介绍。

此前两年的农民丰收节，习近平总书记都专门致以祝贺，充分体现了党中央对“三农”工作的高度重视。两年来，我们始终遵循习近平总书记的重要指示精神，坚持农民主体、因地制宜、开放创新、节俭热烈的原则，广泛发动、下沉基层，各地节庆活动办得越来越好，农民参与更广、基层覆盖面更大，节庆内容更丰富、表现方式更多样，节庆文化韵味也更浓，充分展示了“三农”发展的巨大成就、中华农耕文化的丰富灿烂、农民群众的时代风采，为脱贫攻坚和乡村振兴坚定了信心、凝聚了力量。可以说，农民丰收节正在扎根城乡，正在成为我国最具特色的乡村文化符号。2020年是决胜全面建成小康社会、决战脱贫攻坚之年，注定是一个具有历史意义的特殊年份。办好2020年农民丰收节，具有多方面重要意义。

一是喜迎全面建成小康社会。小康不小康，关键看老乡。广大农民特别是贫困地区的农民同步小康，才是真正小康。办好2020年农民丰收节，就是要引导、带动农民群众共同参与见证实现第一个百年目标的伟大历史时刻，充分展示农业农村发展的巨大成就、整体消灭绝对贫困的制度优势、中华农耕文明传承的无限活力、乡村全面振兴的光明前景。

二是增强经济社会发展信心。这次新冠肺炎疫情对国内外造成巨大冲击。入汛以来，我国部分地区发生的较重洪涝灾害也带来不利影响，但我国农业农村经济社会保持了相对稳定，夏粮再获丰收，更加凸显“三农”工作“压舱石”“稳定器”的重要作用。办好2020年农民丰收节，就是要充分展现抗击新冠肺炎疫情中“三农”领域表现出的稳健力量，及其背后悠久深厚的农耕文化底蕴，为经济社会恢复发展提振信心、凝聚力量。

三是增添农村经济社会发展活力。农民丰收节具有多重功能，能够产生很强的节庆效应，可以激发社会和市场的积极性、创造性，转化成农村经济社会发展的新动能，拉动乡村消费、带动乡村产业、实现乡村价值。特别是打赢脱贫攻坚战之后，农民丰收节可以为推进乡村全面振兴发挥特有的烘托和带动作用。

2020年农民丰收节总的考虑是，以习近平新时代中国特色社会主义思想为指导，以“庆丰收、迎小康”为主题，引导、带动城乡共庆丰收、共享喜悦，推动各级党委政府把农民丰收节组织培育工作纳入“三农”工作重要议程，与决战决胜脱贫攻坚紧密结合，与实施乡村振兴战略统筹推进，不断拓展节日载体功能，使其在繁荣乡村文化、拉动乡村产业、活跃城乡市场、提升乡村治理、密切党群干群关系，以及克服新冠肺炎疫情影响、恢复提振信心等方面发挥独特作用，持续打造中国乡村文化符号，持续推进农民丰收节成风化俗。从国家层面，我们安排了一系列节庆活动。比如，组织黄河流域9省份联动“庆丰收、迎小康”系列重点活动、组织2020年度“全国十佳农民”揭晓活动、组织金秋消费季、组织中国农民丰收节农耕文化教育主题活动、设立“中国农民丰收节推广大使”、启动丰收历史文化数字保护工程、组织农产品产销对接活动等。2020年农民丰收节主场活动放在山西省运城市，农业农村部会同山西省人民政府共同举办。欢迎各位媒体朋友关注这些丰富多彩的农民丰收节庆活动。谢谢。下面，我和王成副省长还有其他同事愿意回答大家的提问。

广德福：

感谢于康震副部长，下面请记者朋友就今天发布会的主题进行提问，提问前请先通报自己所代表的新闻机构。

中央广播电视总台央视记者：

刚才提到黄河流域9省份联动开展“庆丰收、迎小康”系列活动是今年丰收节的重点活动，并且主场活动也放在了地处黄河流域的山西运城，这是丰收节主场活动首次走出北京，请问这是如何考虑的？谢谢。

于康震：

您的问题问得很好。中国农民丰收节是以农民为主体，城乡共庆、全民共享的节日，应该广泛发动、普及基层，特别是要调动全国各地的积极性、主动性和创造性。所以，我们考虑从2020年开始，每年把农民丰收节的主场活动放到不同的地方，这样既可以展示中华优秀农耕文明的博大精深，又可以带动乡村振兴战略的实施，为广大农民群众搭建创业创新的平台和风采展示的舞台。

黄河文化是中华农耕文明的重要组成部分，是文化自信的重要根基。习近平总书记对黄河流域生态保护和高质量发展作出战略部署，强调要保护、传承、弘扬黄河文化。组织黄河流域9省份系列庆祝活动，是落实总书记指示精神的具体体现。把主场活动放到山西运城，也是我们经过综合权衡的结果。运城市地处黄河流域，是中华农耕文明重要的发祥地之一，相传"嫘祖教民养蚕于夏县，后稷教民稼穑于稷山"，可见运城农耕文明底蕴深厚。同时，运城也是农业大省，"三农"工作基础较好。因此，在运城举办国家层面的庆丰收活动，能够进一步提升农民丰收节的文化内涵，深入挖掘黄河文化蕴含的时代价值，更好地弘扬中华优秀农耕文明，也是贯彻落实黄河流域生态保护和高质量发展重大国家战略的具体措施。我们相信，在山西省委、省政府和运城市委、市政府的高度重视下，一定能为2020年农民丰收节主场活动营造一个热烈、有序、安全的环境和氛围。谢谢。

人民日报社记者：

刚才于康震副部长讲到，今年农民丰收节主场活动将在山西运城举办，大家都比较关注。能否介绍一下主场活动有哪些安排，目前的筹备情况如何？谢谢。

于康震：

王成副省长是这方面的专家，请王成副省长解答。

王成：

感谢记者朋友对山西的工作，特别是对"三农"工作的关注和支持。在决战决胜脱贫攻坚、全面建成小康社会收官之年，农民丰收节主场活动"走进山西"，山西省委、省政府高度重视，楼阳生书记、林武省长多次作出批示，提出具体要求，目前各项筹备工作进展顺利。运城古称"河东"，地处晋、陕、豫黄河金三角区域中心，是华夏农耕文明的源头，运城主场将举办“庆丰收、迎小康”系列活动，以庆祝丰收、弘扬文化、振兴乡村为基调，突出主题、简朴隆重、安全高效、力求完美，多形态、立体式展现中国悠久灿烂的农耕文明、丰富多彩的丰收美景和广大农民的时代风采。

主场活动共有7项：一是在万荣县黄河农耕文明博览园举行群众联欢活动及“全国十佳农民”揭晓活动；二是在万荣县举办乡村绿色发展研讨会；三是在万荣县黄河流域农耕文化主题展馆展示传统农耕艺术品及非物质文化遗产；四是在万荣县举行特色农产品和贫困地区农产品展示展销活动；五是在万荣县举办特色农产品网络销售活动；六是在永济市鹳雀楼举办2020年丰收歌会；七是在永济市伍姓湖湿地公园举行“奔向小康”长跑比赛活动。此外，还有黄河流域农民楹联邀请赛、万荣后土祠与稷山国家板枣公园庆丰收等活动。

办好农民丰收节主场活动是山西的一件大事、要事、喜事，我们有信心、有决心、有能力办出特色，办出水平。我们将在中国农民丰收节组织指导委员会的指导下，紧密联动，精心准备，确保主场活动圆满成功，为广大农民提供一场耳目一新、丰富多彩、欢快喜庆的节日盛宴。谢谢。

中国农业电影电视中心中国三农发布记者：

我们都知道，活跃的市场经济是现在节日的重要元素。这两年农民丰收节期间都组织举办了消费季、购物节，请问今年的农民丰收节在金秋消费季方面有什么具体安排和特点？谢谢。

于康震：

你说的很对。活跃的节日市场确实是现代节日的重要元素。农民丰收节必须遵循现代节日的规律，充分发挥社会和市场的积极性、主动性、创造性，按照习近平总书记的要求，营造全社会关注农业、关心农村、关爱农民的浓厚氛围。两年来，我们通过消费季活动，组织各大电商等市场主体共同参与，推动城乡共庆、全民共享，拉动农产品、乡村旅游等消费，促进农民增收，为农村经济社会发展增添活力。

为了让2020年的农民丰收节更有声势、更有影响，我们将联合中央广播电视总台、中华全国供销合作总社共同发起金秋消费季活动，拟于9月在北京市房山区国家现代农业产业园启动。当天，中央广播电视总台“央视新闻”新媒体矩阵将进行专场农产品直播带货活动，随后还将在山西省、上海市、湖北省、广东省、重庆市等地组织系列活动，一直持续到11月下旬。金秋消费季将充分利用农民丰收节的节庆效应，连接国庆节、中秋节等假日市场，通过线上线下多种形式恢复信心，提振消费，促进城市与乡村之间双向流通，加速畅通国内大循环。我们诚挚邀请广大电商平台、直播平台、新媒体平台、商超、批发市场等主体共同参与，统一使用农民丰收节及金秋消费季标识形象，开展多种形式的农产品营销、促销活动，打造农民丰收节庆品牌，只要各大电商承诺不压价、不售假、为农助农，都可以成为金秋消费季的合作电商。在活动中，要坚持让利农民、助农增收，也要让消费者买得放心、吃得安心。

农民丰收节期间，我们将完善全国农产品产销对接公益服务平台各项功能，面向益农信息社、合作社等主体，提供农产品上行销售的一揽子服务。一是整合农产品电商销售、流量推广、物流包装、商品检测、信息发布、涉农金融服务等基本功能，便于农户操作使用。二是实施零佣金、零押金、零平台服务年费等公益服务，有效降低农户成本。三是通过对接大型电商企业，对农资农具，包括智能手机这样的新农具进行打折让利，让农民实惠多、卖得好，让消费者乐趣多、买得好。四是在相关电商平台开设丰收节专区，对农产品进行流量倾斜，并统一进行丰收券的领取及使用。消费者可以在相关平台的丰收节专区中，领券购买上万款优质、优价的农副产品，单笔最高优惠应该在20 ~ 200元。谢谢。

山西日报社记者：

我们注意到，习近平总书记在3年内两次视察山西，提出山西要打好特色优势牌，发展特优农业。请问这次中国农民丰收节主场活动对助力山西发展特优农业有什么意义和作用？谢谢。

王成：

山西是黄河流域的农业摇篮，传统农业历史悠久。2017年6月，习近平总书记视察山西时指出，立足优势，扬长避短，突出“特”字，发展现代农业。2020年5月，习近平总书记再次视察山西时强调，山西山多地少、地貌多元、气候多样，这种独特的资源禀赋决定了山西农业的出路在于“特”和“优”。习近平总书记的重要指示为山西现代农业高质量发展指明了方向，提供了根本遵循。山西省委、省政府实施农业“特”“优”战略，以产品为龙头，全产业链开发、全价值链提升、全政策链扶持，全力打好特色优势牌。当前，山西正在以晋中国家农高区（又名山西农谷，全称山西晋中国家农业高新技术产业示范区）、雁门关农牧交错带示范区、运城农产品出口平台建设为牵引，抓紧培育壮大酿品、饮品、乳品、肉制品、果品、功能食品、保健品、化妆品、中医药品精深加工等十大产业集群，加快打造“南果”“中粮”“北肉”出口平台和“东药材”“西干果”商贸平台，大力发展有机旱作农业，深入推进现代农业产业园区建设，加强科技创新、标准制定和品牌塑造，不断提高现代“特”“优”农业综合效益和竞争力。目前，已建成上党中药材、沁州黄小米、忻州杂粮、吉县苹果、大同黄花、隰县玉露香梨、临猗苹果、安泽连翘8个国家特优区和右玉生态羊、吕梁核桃、晋西北沙棘、盐湖酥梨等18个省级特优区，打造了山西小米、山西陈醋、山西荞麦、山西药茶等一批农产品省级区域公用品牌。农民丰收节主场活动走进山西，将是山西“小杂粮王国”、众多特色农产品的一次集中展示的机会，也是山西传统农业文化弘扬和传承的难得机遇，有助于“晋字号”特优农产品走出去，有助于吸引更多的企业和资本投资“三农”领域，为山西特优农业发展注入更多活力和动力，加快推动农业增效、农民增收、农村变美。谢谢。

中央广播电视总台央广记者：

今年，受新冠肺炎疫情的影响，我们知道很多贫困地区出现了农产品销售问题，这也是大家关注的焦点。能否介绍一下这方面的情况。谢谢。

唐珂：

谢谢央广总台的记者。中国农民丰收节既是广大农民朋友的盛大节日，也是全民参与共享，爱农、助农、为农的重大公益活动。帮助解决贫困地区农产品产销问题，构建长效机制，推动消费扶贫，助力农民增收，始终是农民丰收节的重要内容。近年来，农业农村部陆续启动了信息进村入户，“互联网+”农产品出村进城、农产品仓储保鲜冷链设施建设工程等重大项目，并把重点项目向贫困地区倾斜，有力推动了贫困地区农产品产销精准对接。2020年以来，新冠肺炎疫情对农产品流通确实造成冲击，特别是对贫困地区影响较大，对此，我们采取了一系列有针对性的措施。

一是主动发力推动产销对接。疫情期间，农业农村部组织了3场产销对接的视频会商活动，通过网络牵线产销两端，采取“点对点”磋商方式，帮助部分省解决了重点品种“卖难”问题。网络签约累计销售金额6.9亿元，同时，常态化收集贫困地区及滞销“卖难”农产品的供应信息，发布给关联电商、企业，并密切跟踪销售进展。截至目前，累计销售贫困地区农产品49.23亿元，我们2020年的目标是帮助贫困地区销售120亿元，现在已完成49.23亿元。

二是着力构建产销对接长效机制。2020年，农业农村部整合资源，重点打造了全国农产品产销对接公益服务平台，这个平台一头是各省的信息采集队伍，一头是各大经销商，我们在平台上时时发布、周周调度、撮合交易，并且指导全国27家大型农产品批发市场设立了贫困地区农产品销售专区、展示中心等，给予相关的费用减免优惠，助力贫困地区涉农企业长期落户主销区。

三是组织专项应急促销。针对湖北特色农产品“卖难”问题，我们采取多种形式开展应急促销，累计销售湖北特色农产品23.3万吨，金额15.3亿元。特别需要说明的是，疫情期间，网络销售、直播带货等线上方式在帮助解决贫困地区农产品滞销，修复产业链、供应链等方面发挥了显著作用，正在快速成为实现农产品销售和创新农业品牌营销方式的重要抓手。我们顺势而为，正在指导相关行业协会、电商平台、龙头企业组建“全国农产品视频直播公益服务联盟”，旨在聚合短视频直播的各种资源，引导此事朝着组织化、规模化、规范化方向发展，助力农产品产销对接。这个联盟也将于9月在金秋消费季启动仪式上一并启动，欢迎媒体朋友们持续关注。谢谢。

上海广播电视台东方卫视频道记者：

今年的农民丰收节疫情防控备受关注，请问主会场活动在疫情防控方面有哪些举措？谢谢。

储祥好：

谢谢记者朋友的提问，也感谢社会各界对中国农民丰收节运城主场活动的关心、关注。在农业农村部和山西省委、省政府的支持下，运城统筹推进疫情防控和活动筹备。市、县两级分别制定了防控预案，将人员的排查管控、住宿接待、会场活动、应急处突等事项清单化、精细化、具体化，做到了闭环管理、无缝衔接。同时，进一步充实防控力量和防控物资，全市抽调450名疫情防控专业人员参与活动，储备了2 000余人的核酸采样队伍，全市51个二级以上医院均储备了充足的核酸检测试剂、防护用品等物资。在具体的防控措施上，我们主要把好入口、住宿、会场等几个重点环节。在入口管控上，低风险区的宾客需提供行程码和健康码，高、中风险区宾客需提供7日内核酸检测阴性证明和健康码；在住宿接待上，实行常态化登记测温、通风消杀、分餐或错峰就餐等防控措施；在会场活动上，实行人数限制、入场测温、公共卫生间定期消毒、聚集性活动全程佩戴口罩。同时，对物流快递、进口食品、海鲜产品及从业人员和设施环境进行全面检测，确保万无一失。运城自2月11日至今，已连续191天无新发本地疫情，未发生境外输入疫情，疫情形势整体可控。我们还将于8月底开展专项防控演练，全面提升防控和救治能力，切实为丰收节提供一个安全、健康的环境，请新闻媒体朋友和各界人士放心而来，舒心参会。

各位朋友，运城是中华文明的重要发祥地之一。近年来，我们大力发展现代农业，创建了1个国家级现代农业产业园和5个省级示范园；加快推进果业出口平台建设，打造北方水果最佳生产区，水果种植面积和产量居全国地级市前列，果品出口68个国家和地区。中国农民丰收节主场活动放在运城，既是历史使命，更是现实担当。来到运城，您将在“一主两副三会场”多形式、立体式见证中华民族灿烂悠久的农耕文明；您将在“庆丰收、迎小康”系列活动中见证广大农民脱贫致富奔小康的时代风采；您将在四季有花、全年有果的河东大地见证缤纷多彩的丰收美景。借此机会，我代表运城市委、市政府和537万勤劳朴实、热情好客的运城人民，诚邀新闻媒体朋友和各界人士到运城观光旅游、投资兴业，共商发展大计，共享丰收成果，共赢全面小康。谢谢大家。

香港经济导报社记者：

请问在疫情、灾情以及国外疫情严重影响粮食进口的情况下，我国粮食今年够吃吗？农业农村部将采取哪些举措防止发生粮食危机？谢谢。

于康震：

丰收节咱们谈丰收，谈丰收首先就要谈粮食。全年的粮食分三季，夏粮、早稻和秋粮。目前夏粮和早稻已经丰收到手。据国家统计局发布的数据，2020年的夏粮产量2 856亿斤，比上年增加了24.2亿斤。昨天（8月19日），刚刚发布了早稻产量数据，2020年早稻产量是546亿斤，比上年增产了20.6亿斤，扭转了连续7年下滑的态势。全年粮食生产的大头在秋粮。目前，全国晚稻栽插结束，秋粮面积已经落地。从农业农村部农情调度的情况看，2020年秋粮面积稳中有增，目前长势总体不错。尽管2020年局部旱涝灾害较重，长江中下游地区遭遇罕见的洪涝灾害，东北部分地区遭遇较重夏伏旱，华南沿海地区遭遇台风，但各地全力抓好农业防灾减灾，灾后生产恢复及时有效，减轻了灾害损失。东北地区秋粮作物已经进入灌浆期，除局部受旱外，大部分长势好于2019年。黄淮海地区土壤墒情好、夏玉米长势普遍好于上年和常年。南方地区，中晚稻除局部受洪涝影响，生育期有所推迟外，大部分地区的长势总体正常。西南、西北地区长势也比较好。综上所述，可以得出一个结论，旱涝灾害没有逆转2020年粮食生产稳中向好的态势。如果后期不发生大的灾害，全年还将是一个丰收年，加上当前粮食库存仍处于高位，我国的粮食安全完全有保障，价格也将保持基本稳定。现在距秋粮大面积收获还有40多天时间，夺取丰收还要过干旱、洪涝、早霜、台风、病虫害等多个关口。农业农村部将按照党中央、国务院的决策部署，立足抗灾夺丰收，环环紧扣，一招不落，分类精准指导服务，落实落细关键措施，全力夺取2020年秋粮的好收成。谢谢。

广德福：

再次感谢媒体朋友的大力支持，今天的新闻发布会到此结束。谢谢大家。

13. 粮食市场运行和生产有关情况新闻发布会

一、基本情况

粮食市场运行和生产有关情况新闻发布会

时 间	2020年8月26日（星期三）上午9时30分	
地 点	农业农村部新闻发布厅	
主 题	粮食市场运行和生产有关情况	
发布人	农业农村部市场与信息化司司长	唐 珂
	农业农村部种植业管理司司长	潘文博
主持人	农业农村部新闻发言人、办公厅副主任	宁启文

二、现场实录

宁启文：

女士们、先生们，新闻媒体的朋友们，大家上午好。欢迎参加农业农村部新闻办公室举行的新闻发布会。今天发布会的主题是介绍当前粮食市场运行和生产的有关情况。我们今天很高兴地给大家邀请到农业农村部市场与信息化司司长唐珂先生、种植业管理司司长潘文博先生为我们介绍有关情况，并回答大家提问。下面请唐司长向大家通报有关情况。

唐珂：

女士们、先生们、媒体朋友们，上午好！受新冠肺炎疫情冲击、洪涝灾害影响和国际粮价震荡传导，我国粮食市场运行出现了阶段性波动，受到社会广泛关注。农业农村部持续加强粮食价格监测和市场供求形势跟踪分析。总体上看，当前我国粮价稳中有涨，品种间走势有所分化，不同环节价格波动有所差异。7月份，稻谷、小麦、玉米3种粮食集贸市场均价每百斤122.4元，环比涨0.2%，同比涨1.7%，其中稻谷价格涨幅最小，小麦次之，玉米价格涨幅较为明显，收购、批发环节粮价涨幅偏大。我国粮价总体保持稳定，有3个基本面因素支撑。

一是生产稳中向好。粮食市场稳不稳，关键看生产。2020年夏粮和早稻已获丰收。据国家统计局数据，2020年夏粮产量2 856亿斤，增24.2亿斤；早稻产量546亿斤，增20.6亿斤，连续7年下滑后恢复增产。全年稻谷、玉米生产主要看秋粮。从农业农村部农情调度的情况看，2020年秋粮面积稳中有增，尽管局部旱涝灾害较重，但灾后生产恢复及时有效，秋粮长势总体不错，粮食生产稳中向好的态势没有改变。如果后期不发生大的灾害，全年还将是一个丰收年。

二是粮食库存充裕。手中有粮，心里不慌。近年来，我国口粮库存持续保持高位，目前全国稻谷、小麦库存水平大体相当于城乡居民1年的消费量，玉米库存虽然下降较快，但市场供给有保障。新冠肺炎疫情发生后，有关部门适时加强了储备投放和应急保供，市场供给平稳有序，市场上不缺粮、不缺油。

三是消费较为平稳。粮食作为生活必需品，消费相对刚性，年度间一般不会大减也不会大增。2020年受疫情影响，口粮居家消费增加，但外出消费有所减少，在消费总量上变化不大；疫情防控形势持续好转后，玉米饲用和深加工消费恢复势头良好，实际需求的增加量也较为平稳。前期出现一些消费者和贸易商囤粮现象，短期内会拉动市场需求波动，但不会改变粮食消费变化趋势。也就是说，粮食短期内的需求变化不会对粮价产生持续影响。从后期走势看，我国粮食生产供给完全有保障，以我为主确保粮价平稳运行的基础较好，再加上国际上玉米、大豆等多数大宗农产品供给充足、价格低位运行，国内粮价缺乏大幅上涨的条件，预计随着秋粮陆续丰收上市，我国粮食市场有望继续保持基本稳定。

下一步，农业农村部将按照党中央、国务院决策部署，立足抗灾夺丰收，全力夺取2020年秋粮好收成，并配合有关部门做好粮食市场调控，保障好城乡居民的“米袋子”“菜篮子”，为做好“六稳”工作、落实“六保”任务提供有力支撑。在这里，我还想强调一点。在新冠肺炎疫情全球大流行的背景下，国内外农产品市场运行的不确定性增加，一些消费者出于防范风险的心理多买点儿粮油，一些贸易商和农户出于看好后市的预期适当多囤点儿粮食，都是可以理解的，但一定要避免跟风，防止保管不善造成浪费，也防止后期价格波动下跌带来损失。其实，从2020年上半年疫情期间我国粮食市场运行情况看，由于粮食储备充足，粮油加工转化产能水平高，粮食市场调控和应急保障能力强，再加上发达的物流配送体系，国内终端粮油产品的市场供给是持续充裕的，价格也是基本平稳的，消费者完全没有必要过分焦虑甚至恐慌抢购，可以多一分淡定、多一分从容。

宁启文：

感谢唐珂司长的介绍，下面进入答问环节，请记者朋友就今天发布会的主题进行提问，提问时请通报一下自己所代表的新闻机构。下面进行提问。

新华社记者：

受南方洪涝的影响，粮食问题非常受关注。我想请问一下，秋粮是全年生产的大头，请详细介绍一下当前秋粮生产情况，未来丰收有保障吗？谢谢。

潘文博：

吃饭问题一直是社会关注的热点，2020年粮食生产是在国内经济下行压力加大，又遭遇突发新冠肺炎疫情冲击和农业自然灾害偏重发生的特殊情况下展开的。党中央、国务院对抓好2020年的粮食生产高度重视，格外关心，中央出台了一系列政策措施，力度之大应该说是多年少有的。在中央政策支持和各地工作的推动下，从目前看，2020年粮食生产形势总体不错，夏粮、早稻已丰收到手。刚才唐司长已经介绍了，夏粮增了24.2亿斤，早稻增了20.6亿斤，这两季加在一起是44.8亿斤，这为全年粮食的丰收赢得了主动。但是全年粮食生产的大头是秋粮。刚才记者也问了，秋粮占全年粮食的比重是3/4，能不能实现全年的粮食丰收，关键看秋粮。习近平总书记7月份在吉林调研时也特别强调，秋粮要争取有个好收成。从我们掌握的情况看，2020年的秋粮丰收还是有一定基础的，主要有两点判断。

第一个判断就是面积，面积是增加的。大家都知道，面积是粮食生产的基础。初步预计，2020年秋粮面积12.84亿亩，增加了500多万亩，这个面积的增加主要是受两方面因素影响：一是春播期间雨水比较好，墒情好，有一些过去偏旱的地块2020年种上了；二是疫情的影响，农民对后期粮价上涨有预期。现在看，水稻、小麦、玉米的价格都比同期有所上涨，在市场拉动和播种期间墒情好的情况下，2020年秋粮的面积是增加的。

第二个判断就是长势，长势总体正常。刚才我讲了，全国粮食的大头在秋粮，秋粮的大头在东北地区，2019年东北地区的粮食产量为3 493亿斤，全国秋粮接近1万亿斤，占了35%，目前东北地区的玉米前期授粉授得不错，灌浆灌得不错，大豆已经鼓粒，水稻也压圈，就是压穗了，已经开始有产量了，而且开始逐步落黄。前段时间，辽西和蒙东的个别县受了旱，长势偏差，但其他地方长势都比较均衡，丰收在望。秋粮还有几个区域，黄淮海、西北地区主要生产玉米，我们国家属于旱作农业区，2020年西北地区的墒情也好，黄淮海地区也没有受什么灾，所以黄淮海和西北地区玉米的长势也不错，西南、华南地区的秋粮主要是水稻，长势总体正常。大家关注的秋粮大省，像黑龙江、吉林、山东、河南，也是全国粮食大省，这些主产省作物的长势都是这几年中较好的一年。

但是客观地讲，2020年我国农业气象年景总体是偏差的，年初我们就这么预测的。洪涝灾害重于常年，尤其是南方洪涝灾害重于常年，但洪涝主要影响长江流域的部分地区，是局部的、阶段性的，不会影响全局。干旱总体偏轻，主要集中在辽西、蒙东，辽宁西部和内蒙古东部交界的地方有几个县是“旱窝子”，是传统旱区，干旱持续时间不长，影响也有限。2020年大家比较关注的病虫害，就是草地贪夜蛾、水稻“两迁”害虫，这都是常年偏重发生的，2020年前期基数比较高，但是草地贪夜蛾我们布了4道防线，防控效果比我们预想的要好，据我们监测分析，目前没有造成大的危害。

还有个情况我想和大家交流一下，从历史上看，雨水多的年份局部可能洪涝重，水田可能受到一定影响，但旱地作物长势好，尤其是玉米容易创高产。大家都经历过这个年份，就是1998年，1998年，我们国家发生了非常严重的、历史罕见的洪涝灾害，那一年的水田受灾较重，稻谷减产40亿斤，但是那年玉米增了570多亿斤。所以，当年的粮食产量创了历史新高，达到了10 246亿斤。降雨确实对局部区域或者对某一个农户影响较大，可能“一冲如洗”“一冲致贫”，可能这一块地一冲就绝收了，那么这可能是秋粮地区的一块地。我们国家主要是旱作农业，有10亿亩左右的旱作农业面积，主要靠雨养。所以，降雨在一定程度上是有利有弊的。农谚讲“七月十五定旱涝，八月十五定收成”，2020年是闰四月，9月2日是农历七月十五，昨天是七月初七，今天是七月初八。目前距秋粮丰收还有40天左右，这段时间是秋粮产量形成的关键时期，实际上也是灾害多发、易发期，距离“七月十五定旱涝”还有1周，所以夺取秋粮丰收还要过秋旱、台风导致的倒伏、北方的早霜、南方的寒露风，还有病虫害的关口，其中我们最担心的就是8月底、9月上旬的台风，因为这时候刮台风，正好是作物“头重脚轻”的时候，作物已经灌浆了，玉米穗很大，水稻穗很大，如果这时候刮台风，和小苗的时候不一样，容易造成倒伏，这是我们最担心的。

下一步，我们按照党中央的决策部署，立足抗灾夺丰收，环环紧扣，一招不落，加强分类指导，落地落实后期田管措施，全力以赴夺取秋粮的好收成，确保2020年粮食产量稳定在1.3万亿斤，实现小康之年粮食和农业丰收。谢谢。

经济日报社记者：

据我们了解，今年夏收小麦上市以后，山东等地的小麦价格持续上涨，一些种粮大户有惜售囤粮的现象，小麦收购进度晚于去年。请问我国小麦购销形势如何？后期价格是否会大幅上涨？谢谢。

唐珂：

小麦是夏粮的大头，刚才潘司长也介绍了，2020年我国的夏粮已经获得丰收，其中小麦的产量是2 634亿斤，增长0.6%。新麦上市之后，湖北、安徽、江苏、河南这4个省已经先后启动小麦最低收购价执行预案，市场价格稳中走强。7月底，主产区小麦收购均价普遍上涨至每斤1.12 ~ 1.22元，比开秤初期高了2 ~ 6分钱。比2019年同期高了3 ~ 8分钱，其中山东小麦收购价每斤达1.17元以上，比2019年同期高了8分钱左右。2020年的小麦丰产了，价格还有所上涨，于是就有舆论担心我国小麦的供给是否紧张，一些地方还出现了部分贸易商和种植户囤粮惜售的现象，我们对此进行了持续跟踪调度，从当前我国小麦市场供需的总体形势看，完全没有必要担心小麦供给问题，小麦价格也不会持续上涨。主要是基于以下几点。

一是我国小麦连续多年丰产。2015年以来，产量稳定在1.3亿吨以上，可以满足当年的消费量，产需呈基本平衡、丰年有余的格局。

二是小麦库存充足。前面已经提到了，目前的库存量大体相当于1年的消费量，特别是政策性粮食库存水平高，储备调节能力强。

三是小麦价格变化具有阶段性特征。主要是近期玉米价格上涨明显，部分地区玉米价格高于小麦，一些饲料企业增加对小麦的采购，替代玉米作为饲料，市场看涨的预期就增强了，部分农户和贸易商惜售的心理又进一步推高了价格。

后期，随着玉米价格企稳，小麦价格继续上涨的可能性不大。实际上，8月份以来，山东等地的小麦价格已经止涨趋稳。从小麦市场购销进度看，据国家粮食和物资储备局监测，截至8月10日，主产区累计收购小麦881亿斤，比2019年同期减少212亿斤。据调度分析，目前小麦的收购量虽然比2019年同期有所减少，但仍与近3年平均水平大体相当，并且2020年主要是政策性收购减少，市场化收购进度还是基本正常的，这表明，目前市场上的粮源较为充裕，市场机制的作用也得到了更好的发挥。特别是近年来优质专用小麦不断发展，用于酿酒、制作糕点的订单收购比例明显提升，优质优价特征日益明显，市场化收购活跃，占比不断提高，逐渐成为小麦收购的主渠道，与国家政策性收购形成了替代关系。这些年，随着粮食收储制度改革推进，农民的市场意识在逐步增强，售粮节奏也更趋均衡，在市场行情较好的时候，一些农民不急于售粮，也有一定的合理性。在这里我要提醒广大农民朋友，特别是种粮大户，密切关注市场行情，警惕一些炒作“粮荒”的舆论，不要盲目跟风囤粮，把握好售粮的时机，实现丰产又丰收。谢谢。

上海广播电视台东方卫视频道记者：

今年玉米市场的价格持续大幅上涨，累计涨幅比较大。请问如何看待当前玉米的市场形势？后期玉米价格会不会持续大幅上涨？谢谢。

唐珂：

谢谢。大家知道玉米是三大主粮之一，用途广泛，产业链长。2020年春节后，国内玉米价格保持上涨走势。从5月28日国家临储玉米竞价销售启动以来，持续高成交、高溢价，玉米市场价格继续走强，甚至可以用“火爆”这个词来形容。目前，东北、华北地区的玉米平均收购价已分别达到每吨2 150元和2 400元左右，比年初上涨约30%，短期涨幅较为明显，同比涨幅也将近25%。我们组织开展了调度分析，关于当前玉米市场形势有两个大的判断。

一是玉米价格属于恢复性上涨，大体处于合理区间。2020年以来，随着生猪产能持续恢复，以及新冠肺炎疫情防控形势好转，深加工企业开工率提高，玉米下游需求向好，资本炒作和非理性的囤粮加剧，共同拉动玉米价格出现较大幅度的上涨。目前，东北地区玉米价格水平低于2014年每吨2 240元的临储价，也低于此前的市场价历史高点，仍属于恢复性上涨。粮价适当上涨，有利于增加农民的种粮收益，提高来年种植玉米的积极性。在此，我想分享一个观点，关于如何看待农产品价格的上涨。比如前期鸡蛋的价格低位反弹，引发了高度关注，有媒体报道说，鸡蛋太贵，吃不起。其实，前期很长一段时间内鸡蛋的价格是很低迷的，鸡蛋批发均价每公斤8元左右，算下来每个鸡蛋不到6毛钱。最近这10年，价格其实基本上没怎么涨。但与此同时，饲料、养殖成本不断上升，所以在这里，我要呼吁各方理性看待农产品价格的正常波动，价格的合理上涨有助于激励生产供给，促进市场供需平衡。

二是当前玉米市场供应总体有保障，后期价格将逐步趋稳。前期拍卖的临储玉米将陆续出库，目前全社会库存能够满足秋粮上市前后的市场消费需求。随着新玉米陆续上市，加上全球玉米供给总体宽松，我国玉米及大麦等替代品进口增加。预计全年玉米市场供给总量充足，价格有望趋于平稳。建议各类市场主体保持好购销节奏，不宜持续囤粮看涨。我们将不断完善政策措施，持续提高玉米产能，稳定发展玉米生产，提高玉米品质和单产水平，立足国内，保障玉米基本自给。谢谢。

农民日报社记者：

年初，国务院常务会明确提出鼓励有条件的地方恢复双季稻，请问今年双季稻的生产形势怎么样？在南方洪涝灾害严重的影响下，能实现恢复的目标吗？谢谢。

潘文博：

百姓关心粮食，实际上百姓更关心的可能是口粮，双季稻是最重要的口粮品种。双季稻占我们国家稻谷面积的1/3，3碗饭中有1碗饭是双季稻。2020年中央着眼于粮食安全，明确提出恢复双季稻生产，并出台了一系列恢复双季稻生产的政策，比如提高籼稻最低收购价，整合40多亿元中央财政资金，加大对双季稻主产区的支持力度。各地也高位推动，据媒体报道，有的省委书记、省长亲自抓早稻、抓双季稻，压实责任，精准指导，有力推动了双季稻生产。从目前情况看，2020年双季稻恢复的势头是明显的，双季稻的第一季是早稻，早稻已经丰收到手，国家统计局已经向社会公布了，早稻总产量达到了546亿斤，这546亿斤占我们国家粮食总产量13 000多亿斤的比重不大，但是它是比较重要的一季，因为南方人比较喜欢吃米粉，2020年增了20.6亿斤。早稻产量构成有两个因素，一个是面积，一个是单产。

第一个概念是面积。面积2020年增加了450多万亩，这是什么概念？我们的早稻面积是6 670多万亩，增了6.8%，更重要的是扭转了连续7年下滑的势头，前7年的早稻面积一直在减，按照常年单产测算，增加450多万亩能增产水稻30多亿斤。

第二个概念是单产。实际上，2020年从春季的早稻育秧、栽插到分蘖，到最后灌浆，一直到7月初，光、温、水匹配得非常好，早稻长势一直都不错。天有不测风云，到了7月中旬，湖南、江西遭遇连续降雨天气，同时伴有大风，所以部分早稻灌浆不足，马上就要收了，倒伏了，后期灌浆不足，同时局部受淹，还绝收了，导致早稻单产下降。但是洪涝灾害的影响集中在江西、湖南这两个省份的鄱阳湖和洞庭湖湖区排水不畅的局部区域，它的影响是有限的，它没有逆转早稻增产的趋势。我们算了，如果没有这场严重的洪涝灾害，早稻实际增加的产量要比统计公布的20.6亿斤多。这是第一茬早稻的情况。

双季稻的第二茬晚稻怎么样？2020年晚稻丰收有基础，与往年相比，2020年晚稻生产最大的特点就是抗灾抢插增面积，因为收了早稻种晚稻，受洪涝灾害影响，部分地区早稻不能及时腾茬，晚稻栽插就受阻，进度偏慢。各地加大工作力度，抢收抢插，千方百计落实晚稻面积。及时组织抢排积水，做到水退人进，排一块、插一块，收一丘、种一丘。有一些区域，晚稻秧田也受影响，没有秧田怎么办？这时候我们调剂一些品种，早稻品种晚稻用，就是“早翻晚”，也称“翻秋”，南方人可能比较熟悉这个概念。收了早稻之后能育秧就育秧，不能育秧就直播，首先保证面积。虽然产量比晚稻育秧产量略低一点，但是起码能保一季。抢农时、稳面积，确保晚稻面积落实，而且保证安全成熟。8月中旬，处暑前后，晚稻栽插基本结束了，我们调度了一下，2020年晚稻的面积预计增加400多万亩。400多万亩是一个什么概念？早稻增加450多万亩，遏制了连续7年下滑的势头，晚稻增加400多万亩，遏制了连续10年下滑的势头。还有一个特点，即2020年南方晚稻栽插后，大家感觉南方的天“打开”了，这时候晴天多、温度高，利于作物生长。目前，晚稻大部分处于分蘖期，长势总体正常，为夺取丰收打下比较好的基础。

下一步，我们将继续抓好晚稻的田间管理，因为晚稻在我国所有粮食作物中收得最晚，重点是要搞好肥水管理，防好水稻的“两迁”害虫——稻飞虱、稻纵卷叶螟。同时晚稻因为2020年有一部分是直播的，所以还要防寒露风，寒露风来的时候不能正常起穗，就不能安全成熟。所以，我们相信，只要我们指导落到田，措施落到位，晚稻能够取得好收成，也能够圆满完成恢复双季稻生产的目标任务。谢谢。

光明日报社记者：

我国是大豆进口大国，请问今年我国大豆进口受新冠肺炎疫情的影响大不大？国内大豆市场走势怎么样？谢谢。

唐珂：

谢谢光明日报的记者。我国进口大豆主要用于榨油，满足国内食用植物油和豆粕饲料需求。主要的进口国是巴西、美国、阿根廷。2020年以来，新冠肺炎疫情全球扩散在客观上抑制了对大豆的需求，加上油价低迷打压了生物质燃料的需求，所以全球大豆的供需是宽松的，国际上大豆市场价格总体稳定，客观上有利于我国大豆进口。从数据看，2020年以来，我国大豆进口数量增加，当前价格小幅上涨。据海关统计，1—7月，我国进口大豆累计5 514万吨，同比增加17.6%，其中7月份进口大豆1 009万吨，同比增加16.8%。7月份，山东地区进口大豆到岸税后价每斤1.62元，环比涨1.6%，同比涨2.5%。从国产大豆看，2020年受食用需求旺盛拉动，国产大豆价格持续向好。据监测，7月份，黑龙江国产食用大豆平均收购价每斤2.75元，环比涨8.2%，同比涨51.2%。从后期走势看，北美大豆陆续丰产上市，随着中美第一阶段经贸协议落实，自美国进口大豆有望继续增加，预计下半年，我国大豆进口量增价稳，下游豆粕、豆油供应是有保障的。国储拍卖大豆陆续供应市场，再加上新豆即将上市，市场供应持续增加，预计国内大豆价格将高位回落。谢谢。

中国农业电影电视中心中国三农发布记者：

日前，我们看到《中国农村发展报告2020》一文中提到，到“十四五”期末，我国大概会出现1.3亿吨左右的粮食缺口，其中谷物占到2 500万吨。这一说法引起了社会的广泛关注，有人担心这会不会意味着未来国家粮食安全会出现恶化，对此农业农村部如何回应？谢谢。

潘文博：

“民以食为天”，人人要吃饭，天天要吃饭，确保国家粮食安全，是我们农业农村部门的首要职责，这根弦是始终绷得紧紧的。党中央、国务院高度重视粮食生产，提出新形势下国家粮食安全战略，就是坚持“以我为主、立足国内、确保产能、适度进口、科技支撑”的方针，即20字方针。核心要义是端牢中国人的饭碗，饭碗里主要装中国粮。针对刚才这位媒体朋友提的问题，我先谈谈我的认识，我想主要讲两句话。

第一句话，目前我们国家粮食安全是有保障的。我们都知道，我国粮食已经连续5年保持在13 000亿斤以上，2019年粮食产量是13 277亿斤，13 277亿斤是一个粗略的概念，我们平均计算一下，人均占有量是472公斤，远高于人均400公斤的国际粮食安全标准线，特别是稻谷、小麦这两大口粮，人均占有量超过200公斤。而且目前我们国家人均口粮消费不到150公斤，150公斤说的是原粮，如果折成成品粮，也就是折成米、折成面，按照出米率70%、出粉率70%算，就是每年1个人准备100公斤的口粮就够了，面和米1：1搭配，就是100斤面、100斤米，基本就够1年的消费了。我们两大口粮人均占有量是200公斤，多年粮食丰收，库存是充裕的，价格总体平稳。说一个价格，我20世纪90年代参加工作，当时我的工资是240元，现在是1万多块钱，涨了多少倍？再说粮食，说小麦，20世纪90年代初，咱们国家实施小麦保护价收购，混合麦六毛九，白小麦是七毛一，现在实行小麦最低收购价，最高1.18元，都没涨到2倍。所以当前一些粮食品种价格上涨，可能舆论就有不同的反映了，从我的角度看，我们社会应该能够接受粮价一定程度上的波动，不是说上涨，而是说应该回到一个合理的价格水平。20世纪90年代初，1袋化肥50块钱，现在是100块钱，粮食生产成本也上涨了。所以，社会对粮食价格略有上涨应该有个接受的程度，这是举我个人的例子，你们算算你们刚参加工作时的粮价和现在的工资水平，再问问你们父母过去的粮价、工资和现在的粮价、工资，这个账一算就算出来了。所以，粮食丰收、库存充裕、价格平稳，为经济平稳发展奠定了坚实的基础。总书记讲，这次新冠肺炎疫情如此严重，但我国社会始终保持稳定，粮食和重要农副产品稳定供给，功不可没。这是我想说的第一句话。

第二句话，粮食总量平衡，结构性的矛盾将长期存在。但谷物基本自给、口粮绝对安全的底线是能守住的。坦率地讲，我们国家的粮食供需存在较为突出的结构性矛盾，粮食品种中缺口最大的是大豆，前几年，我们的大豆面积一度减到了1亿亩以下，这几年我们搞大豆振兴计划，大豆面积连续几年恢复增加，2019年恢复到1.4亿亩，是历史上一个较高的水平。但是，大豆还有缺口，产不足需，而且产需缺口逐年加大，每年进口8 000万～9 000万吨，这是由我们国家的资源禀赋决定的，我们要保玉米，保谷物自给，因为玉米、大豆是争地的，东北地区的玉米和大豆是争地的，黄淮海地区的夏玉米和夏大豆也是争地的。如果按照国内的耕地生产算一下，这8 000多万吨的大豆需要6亿多亩耕地。我刚才讲的突出矛盾主要在大豆上。我们要适度进口，适度进口也是新形势下国家粮食安全的重要组成部分。三大谷物中，稻谷平衡，略有盈余，小麦供求平衡，玉米前几年库存较高，经过这几年的调整，现在玉米的结构已经趋于合理了，面积稳定在6亿亩以上，供求基本平衡。为调剂品种余缺进口一部分谷物，但是这部分进口谷物的总量还是偏少的，谷物进口多少呢？2019年，净进口谷物是1 468万吨，占国内产量的2%左右，即便按照刚才这位记者同志说的专家测算的结果，“十四五”期末我国谷物进口2 500万吨，也就占我国粮食产量的4%，100%减4%，我们国家谷物自给率还能达到96%。这就说明我们国家的谷物能够做到基本自给，保证在95%以上。今后，我们可能还要适当进口国内短缺的品种，短缺的品种是什么？小麦，小麦不是说都要进口的，进口小麦主要分为强筋、弱筋小麦，强筋小麦做面包，弱筋小麦做糕点、做蛋糕，这两块我们国内的生产满足不了市场需求，但是这个需求量也不会太大。我们还是以中筋小麦为主，老百姓还是以馒头、面条为主，我们抓小麦生产，“抓中间、带两头”，抓中间的中筋小麦，把两头的弱筋小麦和强筋小麦带一带，这两个需求量不大，进口量也不会大幅增加。

概括起来讲，我们国家粮食安全总体形势是好的，当前供给没有问题，中长期供应也是有保证的。我们将适应国家粮食安全的新形势、新变化，统筹处理好短期和长期、国内和国际，坚持以我为主，稳定扩大生产，守住谷物基本自给、口粮绝对安全的底线。同时加强市场调控，合理引导消费，增强应对风险挑战的能力。谢谢。

唐珂：

关于这个问题，我想再补充一点。社会上对粮食安全问题一直比较关注，特别是新冠肺炎疫情暴发以来，舆论的关注程度更高，有多方面的担心，我觉得是可以理解的，毕竟民以食为天。但是有一点我觉得很明确，那就是我国粮食连年丰收，库存充足，稻谷、小麦两大口粮自给率100%，谷物自给率保持在95%以上，刚才潘司长做了详细的解读，可以说我们实现了谷物基本自给、口粮绝对安全这一战略目标。国际上粮食一般指谷物，主要是稻谷、小麦和玉米三大主粮，我国还包括豆类和薯类，按照国际上的口径，2019年，我国谷物年度净进口量不到1 500万吨，主要用来作品种调剂，更好地满足个性化需求、多样化消费。我们发现，对社科院（全称中国社会科学院）报告里面提到的“十四五”末可能出现1.3亿吨粮食缺口，存在一些误读，社科院报告中讲的粮食缺口，应该指的是包括大豆在内的粮食产需缺口，而不是实际供给和需求之间的缺口。我们实际的供给有保障，产需之间有缺口，所以产需和供求是两个概念。我国产需缺口大、需要大量进口的主要是大豆，2017年，进口量曾达到9 553万吨的历史峰值。大豆进口有效满足了国内蛋白饲料和油脂的需求。未来，我国大豆进口仍将保持高位，通过加强国际经贸合作、稳步拓展大豆进口来源，有效弥补国内产需缺口、保障国内市场供给，应该是没有问题的。同时，我国的稻谷、小麦、玉米三大主粮，将继续立足国内，以我为主，保障供给。“十四五”期间，随着“藏粮于地、藏粮于技”战略的深入实施，我们完全有信心、有能力确保谷物基本自给、口粮绝对安全，并统筹利用国际、国内两个市场、两种资源，保障大豆等油料供给，农产品市场总体也将继续保持基本稳定。谢谢。

宁启文：

由于时间关系，今天的答问环节就进行到这里。感谢媒体朋友的大力支持，今天的发布会到此结束。

14. 前三季度农业农村经济形势新闻发布会

一、基本情况

前三季度农业农村经济形势新闻发布会

时　间	2020年10月21日（星期二）上午10时	
地　点	农业农村部新闻发布厅	
主　题	前三季度农业农村经济形势	
发布人	农业农村部总经济师、发展规划司司长	魏百刚
	农业农村部种植业管理司副司长	刘莉华
	农业农村部畜牧兽医局副局长	陈光华
主持人	农业农村部办公厅副主任	刘均勇

二、现场实录

刘均勇：

女士们、先生们、媒体朋友们，大家上午好。欢迎出席农业农村部新闻办公室举行的新闻发布会。今天，新闻发布会的主题是“2020年前三季度农业农村经济形势”。我们邀请到农业农村部总经济师、发展规划司司长魏百刚先生，种植业管理司副司长刘莉华女士和畜牧兽医局副局长陈光华先生，他们将为我们介绍有关情况，并回答记者提问。我是农业农村部办公厅副主任刘均勇，今天的发布会由我来主持。下面，首先请魏百刚总经济师向大家通报有关情况。

魏百刚：

谢谢主持人。女士们、先生们、媒体朋友们，大家上午好。金秋十月，稻谷飘香，2020年农业丰收来之不易。前两天国家统计局发布了前三季度国民经济运行情况，农业农村经济运行较好。下面，由我作介绍。2020年以来，面对复杂严峻的国内外形势，各级农业农村部门深入贯彻习近平总书记重要指示、重要批示精神，全面落实党中央、国务院决策部署，有效应对新冠肺炎疫情、严重洪涝灾害、重大病虫害偏重发生等风险挑战，千方百计抓好粮食和生猪生产，多措并举促进农民就业增收，统筹推进农业农村改革发展各项工作，农业农村经济保持了持续向好、稳中有进的态势。粮食丰收已成定局，预计产量达到历史最好水平；生猪生产恢复好于预期，“菜篮子”产品供应充足；前三季度第一产业增加值48 123亿元，同比增长2.3%；农民收入12 297元，同比增长1.6%。农业生产形势较好，成为国民经济运行的突出亮点，“三农”“压舱石”作用更加凸显，为稳定经济社会发展大局提供了有力支撑。

一是全年粮食再获丰收，品种结构进一步优化。认真贯彻落实习近平总书记对粮食和农业生产的一系列重要指示、重要批示精神，强化责任落实，分区、分季、分品种调度指导，有效克服草地贪夜蛾、水稻“两迁”害虫、南方洪涝、东北台风等灾害影响，一招不落抓好粮食生产。夏粮早稻双双增产，产量达到3 402亿斤，比上年增加44.8亿斤，特别是早稻面积扭转了连续7年下滑势头。秋粮收获接近八成，丰收已成定局。预计全年粮食产量再创历史新高，将连续6年保持在1.3万亿斤以上。种植结构持续优化，优质专用小麦面积占比达到35.8%，优质稻谷面积进一步扩大，大豆面积预计连续5年增加。

二是生猪生产恢复好于预期，“菜篮子”产品供给充足。2020年以来，各地认真落实生猪生产恢复扶持政策，加快养殖场户扩能增养，抓好非洲猪瘟常态化防控，有力推动了生猪生产恢复，前三季度新建投产了1.25万个规模猪场，1.34万个空栏规模猪场复养。到9月底，全国生猪存栏达到3.7亿头，恢复到2017年年末的84%；能繁母猪存栏达3 822万头，恢复到2017年年末的86%。禽肉、牛肉、羊肉产量达2 413万吨，同比增长3.7%。随着生猪生产快速恢复、出栏量增加，猪肉价格已连续7周回落，集贸市场价格每公斤50.56元，比2020年2月份的最高点低9.08元。蔬菜产量稳中有增，价格季节性上涨。秋季水果大量上市，价格回落到常年水平。

三是长江禁捕退捕取得阶段性成效，农业绿色发展扎实推进。习近平总书记对长江禁捕退捕工作多次做出重要指示、重要批示，农业农村部会同有关部门全力抓好贯彻落实。长江流域重点水域已累计处置渔船8.4万艘、退出渔民17.97万人，基本完成退捕任务；退捕渔民落实社会保障16.87万人，占核定任务量的93.32%；转产就业11.84万人，占需转产就业人数的93.57%；清理、取缔涉渔“三无”船舶2.45万艘、违规网具17.51万张，为2021年1月1日起长江流域重点水域实行10年禁渔打下坚实基础。农业绿色发展扎实推进，畜禽粪污综合利用率达75%，提前1年实现既定目标。东北黑土地保护性耕作面积达到4 600万亩，超过年度目标600万亩。农产品质量安全水平稳步提高，绿色优质农产品供应明显增加，前三季度抽检合格率均保持在97%以上，稳定在较高水平。

四是产业带贫能力进一步增强，贫困地区农民收入持续增长。聚焦52个未摘帽县和“三区三州”，大力实施农畜产品营销、脱贫带头人培训等六大行动。针对贫困地区农畜产品滞销“卖难”问题，建立产销对接公益平台，开展扶贫农产品应急促销，农业农村部帮助完成120亿元扶贫农产品销售任务。为52个未摘帽县每县组建1个产业技术顾问组，开展精准指导服务。据我们统计，832个贫困县累计实施产业扶贫项目超过100万个，建成各类产业扶贫基地超过30万个，每个贫困县都形成了2～3个特色鲜明、带贫能力强的扶贫主导产业，72%的贫困户与新型经营主体建立了利益联结关系，产业扶贫已成为覆盖面最广、带动贫困人口最多、取得成效最大的扶贫举措。前三季度，贫困地区农民收入增速继续高于全国农村居民平均水平。

五是乡村产业全面恢复，返乡留乡农民工就业渠道有效拓宽。农产品加工业已恢复到2019年同期水平，预计前三季度规模以上农产品加工业实现营业收入超过10万亿元。农家乐、餐饮民宿等休闲农业和乡村旅游项目全面开放，农业农村部推介的1 000条乡村休闲旅游精品景点线路，“十一”期间成为城乡居民赏秋出游的打卡地。农产品线上销售保持了两位数增长，预计前三季度网络零售额接近3 000亿元。受疫情影响，农民工留乡或二次返乡增多，农业农村部会同有关部门大力发展乡村产业，落实一次性创业补助政策，开展职业技能培训，扩大以工代赈规模，增设公益岗位，强化对接服务，有效拓宽返乡留乡农民工就业空间。目前，返乡留乡农民工已基本实现就地就近稳定就业或灵活就业，农村社会保持和谐稳定。

六是农业农村投资快速回升，基础设施补短板加快推进。中办、国办出台《关于调整完善土地出让收入使用范围优先支持乡村振兴的意见》，要求到“十四五”期末，地方土地出让收入用于农业农村比例达50%以上，这项政策含金量非常高。农业农村部等七部委印发扩大农业农村有效投资政策文件，明确了11个补短板重点领域。加大地方政府债券用于“三农”领域的支持力度，重点支持高标准农田、农村人居环境整治、现代农业产业园、农产品仓储保鲜冷链物流设施等。1—8月，累计支持发行了1 084亿元。在各方面政策和重大项目拉动下，前三季度第一产业固定资产投资达到11 653亿元，同比增长14.5%，连续4个月实现正增长，增速比2019年同期提高了16.7个百分点。总的来看，多灾之年粮食生产再获丰收，“菜篮子”产品供应充足，农民收入实现正增长，为应对复杂严峻的国内外形势增添了底气、争取了战略主动。现在到年底还有近3个月时间，对标对表中央一号文件和政府工作报告确定的“三农”领域要完成的目标任务，农业农村部将全力以赴做好年底前各项工作，为决战决胜脱贫攻坚、全面建成小康社会交上一份满意答卷。我就先把情况介绍到这里，谢谢大家。下面，我和我的同事愿意回答大家的提问。谢谢。

刘均勇：

谢谢魏百刚总经济师的介绍。下面，我们请记者朋友们围绕今天发布会的主题进行提问，提问的时候请先通报一下自己所代表的新闻机构。

中央广播电视总台央视记者：

今年新冠肺炎疫情对农民增收产生了较大影响，请问农业农村部在促进农民增收方面采取了哪些措施？为了让农民在小康之年有更多的获得感，请问年底前农业农村部还有哪些安排、考虑？谢谢。

魏百刚：

谢谢你的提问。2020年年份特殊，大家对农民增收问题都非常关注，受新冠肺炎疫情影响，2020年农民外出务工普遍推迟1个月，部分农民工外出后二次返乡，疫情期间乡村休闲旅游业基本停摆，这些因素都对农民增收产生了较大影响。党中央、国务院高度重视农民增收工作，各级农业农村部门和有关方面都做了大量的工作，努力降低疫情对农民增收的影响。

一方面，着力强化农民就业增收，把农民就业摆在重要的位置。3月份，农业农村部会同有关部门印发了扩大农村劳动力就业、促进农民增收的通知，出台了一系列措施，要求各地落实落细扶持政策，分类做好农村劳动力的就业工作。对外出就业的农民工，配合人社部门及时发布用工信息，开展专场招聘，组织“点对点”“一站式”直达运送服务，确保安全有序返岗务工。三季度末，外出务工农村劳动力达到1.79亿人，比二季度增加了200万人；月均收入4 035元，同比增长2.1%。对留乡返乡农民工，农业农村部会同有关部门加大就业创业支持力度，落实一次性创业政策，开展就业创业培训，扩大以工代赈规模，增设公益性岗位，指导各地农业农村部门进村入户，送信息、送服务、送政策，促进就地就近就业，特别是大力发展乡村产业，加大农业项目投资，拓宽农村劳动力就业渠道。目前，返乡留乡农民工已基本实现就近就地稳定就业或灵活就业，农村社会保持和谐稳定。

另一方面，着力促进乡村产业增收。突出强化4个方面的措施。一是调整优化生产结构。引导扩大优质专用小麦、水稻生产，大力发展牛羊肉、蔬菜、水果等经济效益高、市场青睐的农产品，积极推广订单生产，实现农业生产提质增收。二是促进节本增效增收。大力发展代种代耕、统防统治等生产托管服务，农业社会化服务面积超过15亿亩次。同时组织农机进行检修，对农机手进行培训，让他们在收获环节减少损失。三是做好产销衔接，建立产销对接平台，开通助销热线，开展应急促销和品牌营销，发展农产品电商，力争让优质农产品卖得顺畅，卖上好价钱。四是加快恢复乡村产业。推动农业企业复工复产政策落实，乡村产业全面恢复，农家乐、餐饮民宿等休闲农业和乡村旅游的项目已全面开放，带动农民就业增收。

总的来看，农民就业渠道有效拓宽，农业丰产又增收，农民收入形势逐季好转，我们第一季度负增长4.7%，到了上半年就收窄到−1%，前三季度由负转正，达到12 297元，实际增长1.6%，高于GDP增速0.9个百分点，高于城镇居民增速1.9个百分点。2019年，农民收入突破16 000元，提前1年实现比2010年翻一番的目标。2020年只要农民收入保持正增长，就能巩固这个目标。为了让农民在小康之年有更多的获得感，我们的目标不仅是实现正增长，还要努力使农民收入增得更多。现在到年底还有将近3个月的时间，为了进一步巩固农民增收的好势头，还要在3个方面下功夫。

一是让秋收的农产品卖出好价格。落实好中晚稻收购政策，强化产销衔接，加强烘干和售粮服务，让农民的粮食卖得出、卖得好。秋季果蔬大量上市，还要强化产销衔接，畅通销售渠道，让农民既要有好收成，又要有好收入。

二是抢抓窗口期增加务工收入。秋冬季过后将进入冬闲时节，这是农业农村基础设施建设的黄金期，农业农村部门将进一步加强高标准农田、农村人居环境整治、现代农业产业园、仓储保鲜冷链物流等农业农村项目建设，吸纳更多的农村劳动力参与，让他们在门口有活干，有钱赚。

三是让农民工年底前顺利地领到工钱。农业农村部将配合人社部门做好岁末年尾农民工欠薪督察等方面的工作，让辛苦了一年的农民工能够及时、足额拿到收入，高高兴兴回家过年。我就介绍到这儿。谢谢。

中国农业电影电视中心中国三农发布记者：

今年自然灾害总体较重，但是秋粮在大灾之后仍获丰收，请分析一下主要的原因？谢谢。

刘莉华：

感谢您对粮食生产的关注。粮食一直都是大家关注的热点，全年的粮食分成三季，夏粮、早稻和秋粮。2020年夏粮、早稻已经丰收到手，分别比2019年增加24.2亿斤和20.6亿斤，秋粮是全年粮食生产的大头，目前收获已近八成，可以说全年粮食丰收基本成定局，可以连续6年稳定在13 000亿斤以上。客观地讲，2020年对农业来说，确实是一个多灾之年，我们先后经历了多个关口，大家一路走来都深有感受。春耕备耕的时候过了"新冠肺炎疫情关"，南方水稻双抢时过了"洪涝关"，在东北地区秋收之前又过了"台风关"，还过了草地贪夜蛾等"病虫关"，多发频发的灾害使粮食生产确实面临着多重挑战。2020年获得丰收实属不易，这是多方力量共同发力的结果，最根本的还是党中央的坚强领导，重点还是政策好、人努力，可以说确实是天道酬勤。为什么这么说？主要有3个方面。

第一，党中央高度重视。2020年党中央、国务院对抓好粮食生产格外关心，习近平总书记在粮食和农业生产的关键节点多次作出重要指示、重要批示，要求不失时机抓好春季农业生产，保障夏粮丰收，争取秋粮有个好收成。李克强总理多次主持召开国务院常务会议研究部署农业生产工作，在春耕生产的关键节点，中央及时印发了《当前春耕生产工作指南》，分区分级恢复春季农业生产秩序。2020年经国务院同意，向各省（自治区、直辖市）政府下达了粮食生产的目标，这是多年没有过的。

第二，政策好。继续实施稻谷、小麦最低收购价，籼稻最低收购价在连续3年调低的情况下，2020年有所提高，释放了重农抓粮的信号。统筹整合资金40多亿元支持双季稻生产。中央财政在预算紧张的情况下，继续保持了玉米、大豆生产者补贴资金的规模总体稳定，及时下拨了重大病虫害防控资金和农业生产救灾资金。所以，2020年的政策支持力度之大也是多年少有的。

第三，人努力。各级农业农村部门坚持全年抗灾夺丰收，先后部署打好了战疫情保春耕、抗洪涝保"双抢"、抗台风减损失、防病虫保丰收4场攻坚战，对大家关注的草地贪夜蛾，布设了草地贪夜蛾"4条阻击带"和沙漠蝗"3道入侵防线"，最大限度地减轻了病虫危害。广大农民群众也响应中央的号召，克服疫情和灾害的影响，及时播种、施肥、打药、收获，辛勤耕耘，夺取了2020年粮食的丰收。

在多种因素的共同作用下，一方面，2020年粮食面积增加，我们初步测算了一下，2020年因粮食面积增加，对增产的贡献率超过了50%。另一方面，实现了抗灾夺丰收。2020年灾害比较重，也过了多个关口，各项减灾增产的技术措施落实到位，加上大部分地区光温水匹配较好，对作物生长有利，特别是2020年降雨比较多，旱地作物长势较好，利于单产的提高。我们国家地域辽阔，每年都有灾害发生，部分区域的受灾并不等于全国粮食的减产。对我们国家粮食生产影响最大的是旱灾，常年因旱灾损失的粮食占了全年粮食损失的一半左右，但是2020年大家明显感觉雨水多，干旱的影响明显偏轻，对粮食生产来说总体还是有利的。谢谢。

封面新闻记者：

我的问题关于猪肉价格。随着生猪生产加快恢复，猪肉价格已经连续7周小幅回落，但是年底是猪肉消费旺季，请问猪肉价格还会不会再上涨？谢谢。

陈光华：

谢谢您的提问。在市场拉动和政策推动下，2020年以来，全国生猪生产

持续恢复，养猪场户补栏增养的积极性很高。根据农业农村部监测，到2020年9月份，能繁母猪存栏已经连续12个月增长，生猪存栏也连续8个月增长，特别是2020年的6月份和7月份，能繁母猪和生猪存栏先后实现同比增长，这是生猪生产恢复的两个重要的时间拐点。8月份、9月份，增幅进一步扩大，9月底，能繁母猪同比增长28%，生猪存栏同比增长20.7%，照这个趋势，我们有信心实现全年生猪产能基本恢复到接近常年水平的目标。2020年以来，随着生猪生产恢复，猪肉市场总体呈现供应改善、价格振荡回落的态势。从生产方面来看，从2020年3月份以来，生猪出栏连续7个月环比增长，这说明前期新增产能正在陆续释放，产能正在变成产量。同时，进口猪肉也在增加，1—9月份进口量是328.6万吨，同比增长132.2%，从市场价格来看，也印证了这一趋势。2月份之后，猪肉市场价格总体呈现振荡回落趋势，特别是9月份以来，猪肉价格已经连续7周下降，没有出现往年中秋国庆期间猪肉价格普遍上涨的情况。上周，全国集贸市场猪肉价格已经回落到每公斤50.56元，比2月中旬最高的价格降了9块多。今后一段时期内，猪肉供应形势还会越来越好。近期，我们组织专家分析和测算，综合考虑生猪生产恢复情况、猪肉进口、消费需求变化等因素，2021年元旦、春节期间，猪肉的供应量会同比增长30%左右，价格总体上将低于上年的同期水平，不会再出现价格大幅上涨的情况，能够保障过年期间老百姓碗里不缺肉。

每日经济新闻社记者：

我们注意到近日玉米价格创了近4年的新高，请问主要原因是什么？这是否跟8月底到9月初玉米主产区遭遇了3次台风，增加了收购成本有关？预计这种行情还会持续多久？谢谢。

魏百刚：

正如您所说的，2020年以来，玉米价格总体呈上涨态势。9月份，随着华北、东北地区新产的玉米陆续上市，价格开始回落。国庆假期之后价格再次上涨，目前我们监测，吉林部分地区企业挂牌收购价是每斤1.12元左右。黑龙江部分地区是每斤1.07元左右。我们分析近期玉米价格上涨，主要有3个方面的原因。

一是需求旺盛，多元主体收购积极性比较高。主要是生猪生产加快恢复，饲用玉米需求量明显增加。同时，玉米淀粉、酒精产品也在增加，加工企业和贸易商普遍看好玉米市场，抬价收购。

二是成本增加，农民惜售，希望卖出好价钱。2020年台风对东北地区玉米产量影响有限，但受灾地区玉米出现倒伏，收获成本增加。据我们调研，倒伏玉米每亩机收费要比正常年份增加100块钱，严重倒伏地块只能靠人工进行收割。受成本增加影响，农户想要等价格再涨一点再出手。

三是资本炒作，价格看涨预期增加。受全球新冠肺炎疫情影响，国内外的投机资本对粮食市场的炒作有升温迹象。10月份以来，国际国内玉米期货价格上涨比较明显，贸易商和加工企业看涨预期增加，导致现货价格联动上涨。总的来看，玉米价格上涨是收储制度改革以来的恢复性上涨，特别是在生产成本增加的情况下，价格适当上涨具有一定的合理性。我们判断，2020年玉米丰收已成定局，前期竞拍玉米陆续出库上市。再加上部分库存稻谷、小麦也可以用于饲料替代，供给是有保障的，玉米价格继续上涨缺乏支撑。我就回答到这儿。谢谢。

中央广播电视总台央广记者：

我的问题是，秋冬季是动物疫病多发易发的时期。请问当前非洲猪瘟防控方面形势如何？下一步农业农村部在这方面有怎样的工作安排？谢谢。

陈光华：

谢谢您的提问。2020年以来，总共有9个省份报告发生18起非洲猪瘟疫情，其中家猪疫情17起，野猪疫情1起。随着非洲猪瘟常态化防控各项措施逐步落实落地，养殖场户特别是规模场户的生物安全防护水平大幅提高，养殖、调运、屠宰等环节的风险得到有效管控，疫情报告数、举报数和无害化处理数都大幅降低。综合各方面信息来看，目前全国非洲猪瘟疫情形势总体平稳，说明常态化防控工作取得阶段性成效。但也要看到，非洲猪瘟病毒已在我国定植，污染面较大，疫情点状发生的态势将在较长时期内存在。随着秋冬季气温降低，清洗消毒效果可能会受到影响，加上种猪、仔猪调运频繁，疫情发生和传播的风险进一步增大，如果防疫措施落实不到位，不排除出现区域流行的情况，影响甚至阻断生猪生产加快恢复的进程。

下一步，农业农村部将认真贯彻落实中央决策部署，继续督促指导各地毫不松懈抓好非洲猪瘟常态化防控，确保疫情平稳不反弹。一是指导各地加强常态化防控，严格养殖、调运、屠宰和无害化处理等环节的监管，切实做到早发现、早报告、早处置，努力将非洲猪瘟的影响降到最低水平。二是坚持开展入场采样监测，不断完善采样措施，督促指导养殖场户把生物安全管理措施落实落地。三是结合于11月份开展的秋防检查，督促各地全面落实现行防控措施。四是加快推进非洲猪瘟无疫小区建设，力争年底前在全国建成一批高质量的无疫小区，示范、带动、提升养殖场户生物安全防护水平。谢谢。

工人日报社记者：

我有一个问题请问刘司长，刚才提到现在秋粮丰收基本上已经成定局，达到八成左右，能不能详细介绍一下秋收和秋种情况？

刘莉华：

感谢您的提问。正如您所说，现在秋粮收获近八成，进度总体与2019年同期相当。分区域来看，西南、黄淮海和西北地区收获过八成，进度同比略快。长江中下游地区现在的收获进度是过六成，主要是因为9月中下旬长江中下游地区气温偏低、降水偏多，水稻等作物生育期推迟，所以收获进度同比略慢一些。东北地区收获近八成，2020年东北地区收获高峰期比常年推迟了1周左右，主要是因为入秋以来东北地区雨水比较多，土壤偏湿，机器进不了地，加之受台风影响，一部分玉米和水稻倒伏，只能人工收获，也增加了收获的难度。还有一个原因，2020年东北地区的霜冻来得比较晚，东北农民有一个习惯，霜冻之后，作物自然脱水到了一定的程度才收获。整体来说，2020年东北地区的收获高峰期略有推迟，但近期东北地区的天气晴好，土壤散墒比较快，秋收的进度也明显加快，目前倒伏的作物已经基本收获完成，预计月底前大面积收获可以基本结束，不会出现类似2012年秋粮收获严重受阻的情况。秋收之后的粮食生产是秋种，农业生产就是唱四季歌。粮食生产一季紧接着一季，在做好秋收的同时，秋冬种已经全面展开。2020年秋种的地区大部分墒情适宜，利于秋冬种顺利开展。目前，据最新的农情调度，全国冬小麦播种进度已经近六成，比2019年同期快了3个百分点，冬油菜播种过四成，刚才说了长江中下游地区因为水稻生育期推迟，上茬水稻的收获有所推迟，影响油菜播种，进度同比略慢一点。

下一步，农业农村部将重点抓好以下几件事。一是抓秋粮收获。组织好机具调配，抢打抢收，减少损耗，确保秋粮颗粒归仓。二是抓秋冬种。合理安排种植结构，及时腾茬整地，趁墒抢墒播种，努力稳住小麦的播种面积。同时要落实关键技术，提高播种质量，为2021年夏季粮油丰收打下一个好的基础。三是继续抓节本增效。深入开展农药化肥使用量零增长行动，因地制宜推广抗旱的节水品种和节水灌溉技术，做到节肥、节药、节水。四是抓病虫害防控。推广小麦药剂拌种，预防苗期的病虫害，抓好条锈病的“春病冬防”，压低病源基数。同时继续抓好草地贪夜蛾“三区”联防和“四带”布防，杀灭回迁虫源，努力夺取防控主动权，为2021年夏季粮油丰收奠定基础。谢谢。

路透社记者：

刚才解释了最近玉米价格比较高的原因，也提到了可以用小麦和稻谷的部分库存替代玉米作为饲料，但是现在小麦的价格也出现了一定程度的上涨，请问接下来政府有没有平抑这些粮食价格的措施？另外，目前禽肉价格下降幅度比较大，请问原因是什么？

魏百刚：

玉米和小麦都是优质饲料。小麦的蛋白质含量是13.5%，比玉米高50%，饲料企业用什么，主要看性价比及怎么核算。专家测算，玉米和小麦价差如果缩小到每吨100元左右，小麦替代玉米用作饲料就有性价比优势。历史上小麦年饲用量曾超过2 000万吨。这几年玉米价格低位运行，小麦饲用量减少，2019年降到100万吨以内。近期，由于玉米价格上涨，出现部分企业收购小麦用作饲料的情况。从经验来看，小麦价格是玉米价格的“天花板”，小麦饲用量增加，就会抑制玉米价格上涨，玉米价格下降以后会促使饲料企业减少对小麦的使用，所以长期来看，用小麦替代玉米的可能性不大。在这种情况下，主要还是用市场来调节，让市场发挥决定性作用。

陈光华：

我来回答一下关于禽肉价格下跌的问题。2020年以来，鸡肉市场供过于求的格局明显，鸡肉价格持续低位运行，养殖陷入亏损。根据我们监测，10月份第二周全国集贸市场白条鸡零售价格每公斤21.69元，同比下降13.3%，前三季度出栏1只肉鸡平均亏损3毛钱。鸡肉价格走低，主要是受生产供应增加、新冠肺炎疫情期间消费不振的影响，另外也有猪肉供应随着生产恢复而逐步增加，鸡肉对猪肉的消费替代作用减弱的原因。从供应方面来看，鸡肉产量显著增加。2020年前三个季度，肉鸡出栏同比增长5.2%，比近5年平均水平高9.8%。从需求方面来看，新冠肺炎疫情使鸡肉消费受到一定影响，前三季度，全国集贸市场白条鸡交易量同比下降15.8%，3月份以来，生猪出栏连续7个月增长，猪肉供应明显改善，也使鸡肉消费需求量减少。近期，肉鸡存栏已经开始下降，但仍处于历史高位。根据监测，2020年9月末，肉鸡存栏环比下降3.3%，但是同比仍增长5.4%，比近5年平均水平高16.5%。鸡肉市场供应宽松，第四季度的价格还将低位运行。当前，养殖场户正在加快调整过剩产能，再加上元旦、春节消费旺季马上就要到了，我们预计市场行情会逐步回暖，养殖效益有望逐步恢复。谢谢。

人民日报社记者：

决战决胜脱贫攻坚、全面建成小康社会，“三农”领域的目标任务十分繁重，请问对标各项目标任务要求，年底前农业农村部还有哪些硬任务？谢谢。

魏百刚：

正如您所讲，决战决胜脱贫攻坚、全面建成小康社会，“三农”领域的任务确实比较繁重。2020年中央一号文件和政府工作报告对“三农”工作做出全面部署，明确了农业农村部门要承担的一系列目标任务。对此，农业农村部年初专门研究、制定、印发了全年重点工作部署实施意见，确定了37项重点工作，目前进展非常顺利，而且很多项重点工作基本完成。年底前还有几个方面要继续下功夫。

一是确保秋粮丰收到手、颗粒归仓。全力抓好秋粮收获，特别要发挥好农机手和社会化服务组织的作用，减少收获环节损失。据气象部门预测，最近几天东北地区将迎来雨雪天气，需要全力以赴组织抢收，确保让丰收的粮食真正到手。同时，组织好晾晒、烘干，设置好收购网点，及时启动中晚稻最低收购价预案，确保农民销售顺畅，丰收又增收。秋粮收获之后开展秋冬种，农业农村部将组织各地及时安排、做好农资供应，及早研究制定小麦最低收购价并及时公布，稳定农民种植预期，稳定冬小麦种植面积，为2021年夏粮、夏油丰收打好基础。

二是持续推进生猪生产恢复。2020年以来，生猪生产恢复好于预期，到第三季度末，生猪和能繁母猪存栏双双恢复到2017年年末的80%以上，这个指标还是要巩固好、巩固住，不能掉以轻心。一方面，做好秋冬疫病防控，农业农村部门将持续抓好非洲猪瘟、高致病性禽流感等重大动物疫病防控，优化疫情监测排查，强化养殖、调运、屠宰和无害化处理等环节监管，确保及时发现、及时处置。另一方面，要继续落实好生猪生产恢复政策，确保元旦、春节期间猪肉供应充足，价格逐步回落。

三是全面实现长江禁捕退捕年度目标。我们为长江禁捕退捕做了大量的工作，而且取得了阶段性成效。下一步，要及早出台退捕渔民养老保险政策，合理确定补贴标准，提高保障水平。多渠道促进退捕农民稳定就业，努力消除有就业意愿的“零就业”家庭。扎实推进非法捕捞销售专项打击整治行动，加强渔政执法能力建设，全面清理、取缔涉渔“三无”船舶，确保12月15日前实现“四清”“四无”目标，确保2021年1月1日起长江流域重点水域实行十年禁捕。

四是强化农业农村基础设施建设。高标准农田建设2020年要确保完成8 000万亩。全面完成农村人居环境整治三年行动目标任务，分类有序推进农村改厕，统筹推进农村生活垃圾污水治理。提升畜禽粪污资源化利用水平，确保实现规模养殖场粪污处理设施配套达到95%，大型规模养殖场达到100%。支持农民合作社、家庭农场建设农产品仓储保鲜冷链物流设施，提升农产品产地商品化处理水平。同时，我们正在组织编制“十四五”推进农业农村现代化规划，努力谋划好2021年及“十四五”农业农村现代化各项工作。谢谢。

刘均勇：

谢谢各位媒体朋友的大力支持，我们今天的新闻发布会到此结束。

15. 第二批全国乡村治理典型案例新闻发布会

一、 基本情况

第二批全国乡村治理典型案例新闻发布会

时　间	2020年12月2日（星期三）上午10时	
地　点	农业农村部新闻发布厅	
主　题	第二批全国乡村治理典型案例	
发布人	农业农村部农村合作经济指导司司长	张天佐
	农业农村部农村合作经济指导司副司长	毛德智
	浙江省宁波市委常委、鄞州区委书记	褚银良
	山东省荣成市委书记	包希安
主持人	农业农村部办公厅副主任	刘均勇

二、现场实录

刘均勇：

女士们、先生们，媒体朋友们，大家上午好。欢迎出席农业农村部新闻办公室举行的新闻发布会，今天发布会的主题是介绍第二批全国乡村治理典型案例有关情况。我们邀请到农业农村部农村合作经济指导司司长张天佐先生，副司长毛德智先生，浙江省宁波市委常委、鄞州区委书记褚银良先生，山东省荣成市委书记包希安先生，一起回答大家的问题。下面，首先请张天佐司长为大家介绍有关情况。

张天佐：

女士们、先生们，新闻界的朋友们，大家好。乡村治理是国家治理的基石。加强和改进乡村治理，是实现乡村全面振兴、推进国家治理体系和治理

能力现代化、巩固党在农村执政基础、满足农民群众美好生活需要的必然要求，意义十分重大。多年来，党中央、国务院高度重视乡村治理体系建设。习近平总书记对乡村治理作出了一系列重要论述，为加强和创新乡村治理指明了方向、提供了遵循。党的十九大和十九届二中、三中、四中、五中全会都对此作出了重要的部署。

机构改革以来，中央农办、农业农村部立足职能定位，切实做好乡村治理的工作统筹、部门协同、机制创新、试点示范，会同有关部门开展了全国乡村治理体系建设试点、“百乡千村”全国示范村镇创建等一系列工作，大力推进乡村治理体系和治理能力建设。各地也不断加强和改进乡村治理，创新方式方法，提升能力水平，涌现出了一批好经验、好做法。我们在广泛征集、各省择优推荐的基础上，进一步遴选和整理、推出北京市平谷区“街乡吹哨部门报到”、天津市北辰区乡村治理“五步诀”、河北省河间市“四位一体”联动工作法等34个乡村治理典型案例。这是继2019年首批发布20个全国乡村治理典型案例以后，中央农办、农业农村部发布的第二批案例。

总结推广典型案例，既是落实2020年中央一号文件关于“推广乡村治理创新性典型案例经验”的具体举措，也是典型引领、推进工作的一种方法。我们专门印发了推介通知，推动各地认真借鉴典型经验做法，因地制宜探索符合本地实际的乡村治理模式。这些案例层级丰富、形式多样、特色鲜明，主要从加强党的领导、丰富议事协商形式、创新基层治理方法、强化县乡村三级联动、引导多元主体参与、解决突出问题6个方面进行了归纳，是针对乡村治理的重要领域和关键环节，形成的一批可复制、可推广的经验做法。

当前，我国农村仍然处于从传统社会向现代社会的转变之中，城乡关系深刻调整，乡村社会加快分化转型，村庄治理结构、规则、秩序持续变化，乡村治理面临着许多需要破解的挑战和难题。我们将进一步推动各地积极探索，勇于实践，继续研究和总结各地的典型做法，成熟一批，推介一批，充分发挥好典型案例的引领和示范作用。谢谢大家。

刘均勇：

谢谢张天佐司长的介绍。下面请记者朋友围绕今天的主题进行提问，提问时请先通报一下自己所代表的新闻机构。

人民日报社记者：

我们知道乡村治理是一项复杂的系统性工程，环境复杂，牵涉面比较广。刚才发布了34个典型案例，能否再具体介绍一下这些案例主要是哪方面的乡村治理模式？谢谢。

毛德智：

谢谢您的提问。我们这次推出的34个典型案例，对比2019年发布的20个典型案例，数量更多，内容也更丰富。这也体现了我们在推进乡村治理的过程中的新进展、新成效。刚才张天佐司长也说到，我们从6个方面进行了归纳总结，实际上这34个案例也可以分为6种类型。

第一类案例，注重强化党的建设，加强党对乡村治理的全面领导，推动党的组织覆盖和工作覆盖纵深下沉，实现基层治理和为民服务的不断延伸。比如上海崇明区的“党建叶脉工程”、浙江温岭市的“党建+网格化”等就是这方面的案例。

第二类案例，侧重于发挥农民群众的主动性，把农民群众的主体作用更加充分地体现出来，创新村民议事协商的形式，让农民群众真正成为乡村治理的主力军和受益者。比如江苏南通市海门区的“四民工作1+1”、重庆渝北区的“民情茶室”等就是这方面的典型案例。

第三类案例，聚焦于创新基层治理的方式，通过推进乡村治理数字化，运用积分制等方式来创新乡村治理的模式，提升乡村治理的能力和水平。比如浙江桐乡市“乌镇管家”、湖南津市市的“三个存折”、山东荣成市的“信用+”乡村治理等。

第四类案例，围绕理顺县乡政府与村级组织的关系，完善村级的权力监督机制，提升乡镇和村为民服务的能力。围绕这些方面来探索创新机制模式，完善基层治理的体制和机制。比如浙江省宁波市鄞州区的“三清单”运行法、广东省佛山市三水区重要事权清单管理制度。

第五类案例，强调引导多元主体参与，建立共建、共治、共享的格局。比如河南新密市“一村一警”、湖南宁乡市大成桥镇的“社团共治”等就是这方面的典型案例。

第六类案例，着力解决红白喜事大操大办、村内公共空间无序等乡村治理中的痛点、难点问题，着眼于农村人居环境整治、脱贫攻坚等乡村振兴中的重点任务，大力推进乡村治理体系建设。比如河北河间市的“四位一体”联动、江苏邳州市的“公共空间治理”等。

这6个类型我就概括介绍这么多，因为今天具体的案例都已经印发给媒体朋友们了，欢迎媒体朋友们深度关注、深度挖掘这些案例背后鲜活的事例，同时也请大家帮助我们在更大范围内发现、总结、报道更多好的做法和经验。谢谢大家。

中央广播电视总台央视记者：

今年是“十三五”的收官之年，请问乡村治理在“十三五”期间取得了什么成效？谢谢。

张天佐：

感谢您的提问。“十三五”是乡村治理全面部署和推进的重要时期，也是乡村治理方面取得重要成就的一个重要时期，主要的成就有5个方面。

一是中央作出了全面部署。党的十九大提出了加强农村基层基础工作，健全自治、法治、德治相结合的乡村治理体系的总体要求，十九届二中、三中、四中、五中全会都对乡村治理进行了明确部署，这为我们加强和改进乡村治理指明了方向，明确了目标、明确了任务。各级各有关部门坚决贯彻落实中央决策部署，开拓创新、扎实工作，围绕乡村治理的一些重点领域，比如围绕基层党组织的建设、村民自治、法治乡村建设、乡风文明等方面出台了一系列政策措施，形成了比较完整的乡村治理政策体系。我认为这是最显著的一个方面。

二是完善了乡村治理制度安排。各级各有关部门在“十三五”期间不断总结和提升基层的实践探索，进行了一些制度安排，比如建立健全积分制，用积分制来推进乡村治理，从一个小小的工作方法变成了各地的一种工作制度安排。比如，在农村推进网格化管理，划小管理单元，实现网格的有序、有效管控。再比如，推进小微权力的清单制度，最早还是褚书记在宁波宁海县推出的一项举措，后来在全国逐步推广，现在更多地方在基层推广小微权力清单制度。还有推动一村一法律顾问制度等，推出了一批符合农村实际的制度性安排，这为我们找到了解决乡村治理面临的难题的方法。

三是形成了统筹推进乡村治理的工作机制。为了加强各部门间的统筹协调，形成工作合力，国家层面建立了中央农办牵头的全国加强乡村治理体系建设部际联席会议制度，有10多个部门作为联席会议制度的成员单位，共同协商和推进相关的工作。同时，20多个省份成立了领导小组，定期会商一些重大事项，也建立了相应的部门联动工作机制。目前从国家层面到各级党委、政府层面都形成了多部门协调推进工作的格局。

四是涌现了一批丰富多彩的基层创新实践。“十三五”时期是乡村治理实践创新的活跃期，基层涌现了一大批典型经验。比如“三治结合”，最早是浙江桐乡的探索，最后上升为国家要求、中央决策。比如“村民说事”，是浙江象山的经验，现在在很多地方推广。比如治理重心的下沉，这是我们工作的思路和方向。还有浙江“余村经验”等，不胜列举。今天发的34个案例，每一个案例都是一种典型做法。“十三五”期间，各地积极探索，涌现的这批好典型，为我们推进乡村治理提供了一些方法和路径。

五是有效提升了乡村治理效能。通过乡村治理工作的推进，各地基层党组织建设进一步加强，村民议事协商形式不断创新，法治乡村建设深入推进，乡风文明建设得到加强，公共服务资源不断向乡镇和村下沉，乡村治理的能力和水平在这5年间得到了大幅度提升。谢谢大家。

中央广播电视总台央广记者：

我们在基层采访中发现，一些地区的农民群众对基层干部用权不透明、边界不清晰的意见比较大，甚至影响到了干群关系。我想请问一下褚书记，鄞州在规范基层用权方面是怎么做的？谢谢。

褚银良：

谢谢央广记者的提问。现在在宁波市鄞州区，你只要点开基层公权力智管平台，群众就可以清楚地知道所有村务是怎么办理的，大到村里的项目工程、集体资产的处置，小到户口迁移、出生证明等，以及流程走到哪个环节、具体由哪个单位负责、群众怎么说。以前觉得权力监督离我们很远，没想到现在就掌握在我们自己的手里，这让群众有一种近距离的清清楚楚的获得感。

我想给大家报告的是，智管平台背后是什么样的情况。我们宁波市鄞州区以全国首批乡村治理体系建设试点作为契机，把基层的小微权力监管纳入区域治理现代化的体系建设当中，率先推行基层公权力“三清单”运行法，产生了非常好的效果。现在乡村治理体系更加健全，我们的政治生态更加清朗。我仅以过去村社干部廉洁自律方面的初信初访为例，这方面的信访量急剧下降，现在已下降31.2%。“三清单”运行法还入选了“中国廉洁创新奖”特色创新项目。为什么会去探索这个运行方法，我从中央、省两个层面的要求来简要说一说。

首先是习近平总书记反复强调，相对于“远在天边”的“老虎”，群众对“近在眼前”嗡嗡乱飞的“蝇贪”感受更为真切，“微腐败”也可能成为“大祸害”。习近平总书记指出的问题，我们在基层是有切身体会的，基层的“苍蝇”见一个要拍一个，见一个要打一个。也就是说，群众感受到的小微权力都要关进制度的笼子，让“苍蝇”不敢飞、不想飞也不能飞。其次，从自治、法治、德治“三治”融合角度来说，浙江省委提出，“三治”要加上智治，深度融合，让我们探索“三清单”运行法有了依据。运行之后，干部使监督成为习惯，习惯被监督，群众也很清楚，事事有监督，事事参与监督，村民的事情村民自己要监督，是主体。我简明扼要地介绍具体做法。

一是一个流程，全域覆盖。“三张清单”一个流程，我们对基层微权力进行全面梳理，把权力清单升级为93条单子、49条责任清单、28条负面清单，形成了93张流程图。刚才张司长说到，2014年，我在宁海工作的时候提的小微权力有36条，这回到鄞州，为什么就有93条了呢？因为我们有城市，有社区，有农村，有楼宇，还有村集体经济股份制的合作社等，覆盖的范围更广，所以我们提出来全域治理。

二是一个平台，全网智管。数字赋能乡村治理，起到引领、撬动的作用。这是一个精密智管的网络，不仅仅是网格化的治理，更重要的是整个微权力纳入整个智管平台、智管体系。

三是“一竿到底”，全员知晓。基层的事情，关键是要让群众能够发挥主体作用，他们是主角、是主人，因此他们要参与、监督，所以要让群众明白。同时，也要让基层干部知晓，清清楚楚地知道你的微权力怎么行使，流程怎么走，怎么样能够让群众感觉、感知。

四是“一套组合拳”，全面监管。把“三清单”运行法与深化村社监察联络站规范化建设、“村民说事”、“365”社区服务工作法等清廉村居的各项工作结合起来。村民有句话，村里的监督委员会就是村里的纪委，通过村监会的清单运行，让我们的干部干得清清白白，让群众能够看得明明白白。谢谢。

封面新闻记者：

我们知道，今年疫情期间，农村地区的联防联控发挥了很强的防控作用，请问在农村卫生环境，包括人居生活习惯方面，乡村治理发挥了哪些作用？第二批典型又有哪些考虑？谢谢。

毛德智：

谢谢您的提问。这个问题也是我们高度关注的一个问题，习近平总书记指出，这次抗击新冠肺炎疫情，是对国家治理体系和治理能力的一次大考。面对2020年突如其来的新冠肺炎疫情，正如您刚才所说，乡村治理体系在农村地区的联防联控、乡村卫生、人居环境等方面发挥了显著作用。疫情发生以后，按照党中央的部署，各级农业农村部门迅速行动，及时部署，迎难而上，采取了很多有效的措施。

一是引导基层党组织、农村各类组织发挥作用，组织广大党员干部、农民群众积极参与到防控中来，不断强化防控合力，打赢这场人民战争。

二是积极配合卫健委等有关部门指导村“两委”逐户督促农民群众不串门、不聚集，落实各项防控措施。

三是联合有关部门，倡议大家戴口罩、勤洗手、注意个人卫生，不串门等。同时，我们还通过乡村大喇叭的方式，利用微信平台、手机短信等新媒体来加大宣传力度，引导农民群众讲究个人卫生，做好个人防护。

四是及时会同有关部门畅通农村的物资流通通道，增加乡村物资供应，配合相关部门帮助隔离群众，妥善解决他们的生活困难，做好帮扶工作。同时，我们也大力发挥乡村治理体系的作用，着力普及乡村的卫生厕所知识、日常保洁知识、卫生防疫知识，广泛发动农民群众自觉打扫房前屋后、屋内屋外，不乱扔垃圾、不乱倒生活污水、不随地吐痰等。另外，特别强调对用过的口罩，一定要按照规定的方式来处理，不要乱扔。从这些方面来引导农民群众树立健康的理念，养成健康的生活方式，提高自我防护的意识和能力。

从这次防控工作来看，乡村治理体系发挥了重要的作用，也涌现了很多好的做法和成功的经验。这一批34个典型案例里，我们选取了湖北省宜都市作为典型案例，湖北省宜都市通过建立乡村治理的应急机制，来发挥乡村治理的制度优势，采取符合当地实际情况的措施和办法，加强农村防疫，提高农民群众的接受度和参与度，构筑人民群众的统一防线，打赢疫情防控战。还有天津市北辰区、浙江省温岭市、甘肃省甘南县等，这些地区的案例中也有很多关于疫情防控方面的做法和经验，我想这些也体现了我们乡村治理在疫情防控中发动群众有效开展联防联控的良好效果。谢谢。

中央广播电视台总台央视农业农村节目中心记者：

中央对乡村治理作出了一系列部署，社会各界对乡村治理也高度关注，请问中央农办、农业农村部在加强和改进乡村治理方面都做了哪些工作？为什么连续推出2批典型案例？谢谢。

张天佐：

谢谢你的提问。你问了两个问题，我先回答第一个问题，关于中央农办和农业农村部在加强和改进乡村治理方面做的工作。统筹推动乡村治理体系建设是2018年中央和国家机关机构改革后赋予中央农办和农业农村部的一项新职能。两年来，我们立足于职能定位，搞好牵头抓总、统筹协调的工作，概括起来有几个方面。

一是加强乡村治理的统筹协调。中办、国办2019年印发了《关于加强和改进乡村治理的指导意见》，对当前和今后一个时期内乡村治理5个方面、17项重点任务进行了统筹部署。我们根据文件要求，联合中央组织部、中央宣传部、民政部、司法部等部门，专门召开了全国加强乡村治理体系建设的工作会议，对当前和今后一个时期内乡村治理的重点工作进行了系统、全面的部署。同时为了加强工作的统筹，我们还建立了部门间的部际联席会议制度，刚刚也提到了。

二是启动了乡村治理试点工作。为了探索“三治结合”路径和方法，我们联合中央组织部、中央宣传部、司法部、民政部等6个部门在全国选取了115个县（市、区）开展乡村治理的试点工作，围绕8个方面需要研究和探索的内容进行探索试点。试点启动1年来，已经取得了阶段性的重要成效，这次发布的案例中，大部分都是这一批试点单位总结的经验。

三是开展了全国乡村治理示范村镇的创建活动。联合中央宣传部、民政部、司法部等部门创建了99个全国乡村治理示范镇和998个示范村，树立了一批乡村治理的典型，为各地推进工作树立了一批身边的榜样。

四是推进相关专项工作的进行。按照中央的要求，我们组织相关部门，围绕乡村治理的难点问题开展了专项整治。配合相关部门开展农村领域的扫黑除恶专项行动，3年来，我们配合中央政法委进行了专项整治，取得了很好的成效。2020年还召开了全国视频会议，部署在乡村治理中推广运用积分制的经验，同时，我们推进乡村治理的数字化，先后与中国电信集团、腾讯公司、阿里集团签订了合作协议，推广、运用乡村治理数字平台。当然，前面也介绍了，我们连续两年在全国遴选典型案例，总结、形成了一批乡村治理的好经验、好模式。

简单概括起来，我们围绕职能定位，联合相关部门在牵头抓总、统筹协调、试点示范、模式创新等方面做了一系列工作。

第二个问题，为什么要连续推出典型案例？我们看到很多行业、很多方面有成功的案例，我有一个基本观点，就是每一个成功的做法、成功的案例背后都有对事物发展规律的准确把握。深入挖掘、归纳、提炼各地乡村治理的好做法，对于找到乡村治理的内在规律和方法、引领和推进全国乡村治理工作十分有意义。因此，我们把总结、推广乡村治理典型案例作为一项重要的工作方法，摆到了重要的议程上，所以连续推出了2批案例。当前，从总体上看，乡村社会正在经历千年未有之大变局，乡村治理面临新老问题交织、现代与传统碰撞、各种社会风险集成、叠加的新的形势，强化实践探索，总结成功经验，显得更为重要。所以，我们将继续加强调查研究，不断总结各地的创新做法，今后还会继续分批次、分主题推出典型案例。谢谢。

农民日报社全媒体记者：

据我了解，在我国乡村治理中，部分村庄缺乏对农民有效的激励手段，又缺乏合适的约束农民的一些不良行为的方式，能不能请来自基层的同志介绍一下相关的经验。谢谢。

包希安：

感谢记者朋友的提问。我们荣成市位于山东半岛的最东段，隶属于威海市，三面环海，我们一直有“诚信重义、开放包容”的纯朴民风，在推进乡村振兴的实践中，我们按照农业农村部提出的乡村治理积分制的部署，积极探索以信用为抓手的积分管理模式。目前有790个村居党组织、2.3万名党员干部、26.3万农村群众，全部建立了信用档案，制定了具体化的激励和约束办法。我们对捐款捐物、志愿服务等好人好事，以及参与村级事务150多项给予信用加分；对一些不遵守村规民约，比如乱扔垃圾、不赡养老人等60多项不文明、不道德的行为给予扣分。我们在每个村居都设立了信息采集员，每个月都要公布1次积分情况，兑现奖惩措施。信用积分高的群众，可以在村里的信用超市兑换日常的生活用品，同时，还能享受免费游景区、免费乘坐公交、享受暖气费缴纳优惠等120多项“礼遇”；对信用积分低的群众，在福利发放、评先选优等20多个方面进行约束，市、镇、村各级党组织平均年发放信用激励达2 500多万元，受益群众达40多万人。

信用积分制乡村治理的模式在荣成取得了显著成效，两年来，我们的社会矛盾纠纷减少了22.8%，农村不文明行为由10%下降到不足1%，农村志愿者服务队伍由两年前的不足5 000人增加到现在的15.7万人。党委、政府的工作，包括村居推进工作，群众“一呼百应”。以环境整治为例，2019年，我们在7个月里共拆除违建10万多处，达110多万平方米。其中，70%是由群众自愿自主拆除的，后续的环卫管护也由群众主动认领，现在有130多个村取消了保洁员，改为由群众志愿者义务清扫。荣成的农村人居环境整治成效受国务院督查激励，是全国入选的20个地方之一，还被评为全国清洁村庄行动先进县。我们的“暖心食堂”，每天有3万多名志愿者，为1.2万名80周岁以上的老人提供免费午餐，这些工作都是由志愿者无偿完成的。我们的暖心食堂覆盖了46%的村居，在疫情防控期间，我们村居、社区每天上阵的志愿服务人数达6 200多人，占参与疫情防控总人数的72.9%。由于工作卓有成效，荣成2020年也被确定为10个全国新时代文明实践中心建设“先行试验区”之一。

从社区到农村，党群、干群关系到邻里关系，山东荣成的文明程度都有了很大的提高，现在，我们的好人好事蔚然成风，乡村社区充满文明向上、共建共享的正能量。预计到2021年，我们的农村志愿者将会突破20万人，“暖心食堂”会新增200家左右，村居保洁等一系列工作将会有更多志愿者主动承担，自治、法治、德治相结合的乡村治理体系将会越来越健全，治理能力会有更显著的提升，成为乡村基层治理现代化的生动实践。

每日经济新闻社记者：

去年的中央一号文件在乡村治理方面首次提出对婚丧陋习、天价彩礼、老无所养等不良社会风气进行治理。请问目前这方面取得的社会成效如何？谢谢。

张天佐：

正如这位记者说的，目前，一些农村地区天价彩礼、人情消费攀比、婚丧事大操大办等不良风气在蔓延，这些不良风气成了农民群众的揪心事、烦心事和操心事，人人都很厌恶，但是又难以改变，这就形成了一个怪圈。

为了解决这个问题，我们按照中央的要求，在乡村治理过程中，把不良风气的治理作为一项重点，因地制宜地采取合适的措施来治理，取得了一定的成效。2019年首批案例中的河北邯郸市肥乡区的典型做法，是以6项措施推动不良风气的专项治理，取得了良好的成效。2020年发布的34个案例中，河北河间市也采用相关做法推动了不良风气的治理。我们研究这些案例，找到了共同的规律和特点，概括起来，就是在基层党组织的领导下，依靠村民自治组织采取必要的约束性措施进行治理，在这个过程中，要求农村的党员干部带头执行，党委、政府采取必要的适度激励和约束措施，推动乡风文明的建设。就像刚刚包书记提到的，按规定办就加分，不按规定办就减分，分高的列入“红名单”，分低的加入“黑名单”，在熟人社会中，人们都讲究脸面，讲究荣誉，可以利用熟人社会的这种特性来推进一些治理工作。

概括起来，一般有以下几项措施：一是在市、县、区层面，由党委、政府加强组织安排，统筹部署，营造专项治理的氛围。二是充分发挥村民自治组织的作用，完善村规民约，或制定一些红白喜事的标准，让治理有章可循，并且体现大多数老百姓的意愿。三是由地方政府配套出台一些激励性措施和约束性措施，做到配套进行。按这些规定去办的，政府有相应的激励，比如刚刚包书记说，他们有几十项特权待遇，可以免费在当地景区参观，可以免费乘坐公交，可以优先办理有关证件等，都是一些激励性措施。有的地方还可以免费进行体检，或者享受一定的费用减免等，这都是激励性措施。当然也可以出台一些约束性措施，通过正反两方面进行引导和推动，我们不能强制，但是可以引导和推动。这是在方法上，我们用激励和约束的方式来引导、推动。四是要求党员干部带头执行，对于违反相应规定的党员干部，可以依据有关党纪、政纪进行相应处理。农村的事情，只要党员干部带头执行，老百姓的工作就很好做了。五是同时推出一些新的举措，比如有的地方举办集体婚礼，建立公益性红娘队伍等。

通过一系列的配套措施，依靠村民自治的力量和适当的方式，能够有效地解决这个问题。从成效来看，这些地方红白喜事盲目攀比、大操大办、天价彩礼等问题得到有效遏制，最明显的就是村民红白喜事的操办支出费用大幅度降低，很多地方降低到1/5或者1/6，得到广大农民的支持和拥护，也塑造了文明乡风。这些做法已经在其他地方逐步推广，发挥了很好的示范带动作用。谢谢你的提问。

中国妇女报社记者：

我们知道，这些年，随着农村各地大批男性向非农产业转移，农村妇女不仅成了农村的主要劳动力，还在农村乡村文化建设、环境建设、家庭建设方面发挥了重要作用。我们如何看待和认识农村妇女在乡村治理中发挥的独特作用？谢谢。

张天佐：

改革开放40多年来，农村的社会结构、人口结构都发生了明显的变化，现在每年大概有2亿多农民外出务工，多数是青壮年劳动力，到周边城市或者远距离的其他城市务工，也有的走出国门务工。实际在农村留下来的人口的结构中，有两个问题很突出，一个是老龄化的问题，一个是留守妇女和留守儿童的问题。在农村，妇女占了相当大的比重，承担着赡养老人、照顾家庭、从事农业生产的重任，发挥了非常重要的作用，甚至在有些地方起到了主力军的作用。这种人口结构特点，决定了我们的治理主体、治理对象都要根据当地实际来确定和考虑。各地在治理过程中采取了很多办法，比如在招队伍的志愿者时，更多地吸纳一些妇女。

我前不久到山东荣成调研，当地办的“暖心食堂”里的工作人员大部分是妇女，负责每天给80岁以上老年人做饭、送饭。她们在忙家里的事和务农的同时，还要按照顺序排队、互相调剂，每天保证有两三个人去“暖心食堂”帮忙。有的地方评选“模范儿媳妇”“模范家庭”，主要是为肯定和鼓励妇女照顾老人、为家庭作出贡献等行为。一些公共区域的治理，比如打扫卫生、清洁工作，大部分也是由女同志承担。在乡村治理的很多领域，各地都特别注重发挥妇女的作用，从实践来看，效果非常明显，方法也比较独到。所以，在今后的乡村治理中，我们要进一步根据农村的实际情况，更多地发挥多类群体的作用，妇女是其中的一支主力军。谢谢。

刘均勇：

感谢各位媒体朋友的大力支持，也感谢张天佐司长、毛德智副司长、褚银良书记和包希安书记，今天的新闻发布会到此结束。

16. 长江流域重点水域禁捕退捕阶段性成效和下一步工作安排新闻发布会

一、基本情况

长江流域重点水域禁捕退捕阶段性成效和下一步工作安排新闻发布会

时间	2020年12月15日（星期二）上午10时	
地点	农业农村部新闻发布厅	
主题	长江流域重点水域禁捕退捕阶段性成效和下一步工作安排	
发布人	农业农村部长江流域渔政监督管理办公室主任	马 毅
	农业农村部渔业渔政管理局局长	张显良
	财政部农业农村司副司长	姜大峪
主持人	农业农村部办公厅副主任	刘均勇

二、现场实录

刘均勇：

女士们、先生们，媒体朋友们，大家上午好。欢迎出席农业农村部新闻办公室举行的新闻发布会。今天发布会的主题是介绍长江流域重点水域禁捕退捕阶段性成效和下一步工作安排。今天我们很高兴邀请到了农业农村部长江流域渔政监督管理办公室主任马毅先生，农业农村部渔业渔政管理局局长张显良先生和财政部农业农村司副司长姜大峪先生。他们将为我们介绍有关情况，并回答记者提问。下面，首先请马毅主任向大家通报有关情况。

马毅：

女士们、先生们，媒体朋友们，大家上午好！首先感谢大家对长江流域重点水域“十年禁渔”工作的关心和支持。长江是我国生物多样性最具典型性的一条生态河流，拥有独特的生态系统，孕育了丰富的水生生物资源，被誉为中华民族的母亲河、生命河，永葆其生机和活力，事关长江经济带建设和中华民族永续发展。

长期以来，受拦河筑坝、水域污染、过度捕捞、航道整治、挖砂采石等高强度人类活动的影响，长江珍稀、特有物种持续衰退，经济鱼类资源接近枯竭，生物完整性指数降到最差的“无鱼”等级。为了扭转长江生态环境恶化趋势，以习近平同志为核心的党中央立足为全局计、为子孙谋的战略高度，就长江“十年禁渔”作出系列重要指示批示。农业农村部坚决贯彻习近平总书记重要指示批示精神，认真落实党中央、国务院决策部署，把长江“十年禁渔”作为重大政治任务来抓，会同有关部门健全部际协调机制，组建跨部门工作专班，强化统筹协调，细化政策措施，层层压实责任，加力推进禁捕退捕各项工作，取得了阶段性成效。

一是渔船渔民退捕基本完成。经过逐船逐户建档立卡，沿江10省（直辖市）共核定退捕渔船11.1万艘、渔民23.1万人。其中“一江两湖七河”和332个水生生物保护区重点水域，共有建档立卡渔船8.4万艘、渔民18万人，已全部提前退捕上岸；各省（直辖市）自主确定的其他水域，共有建档立卡渔船2.7万艘、渔民5.1万人，已提前完成2020年退捕任务，剩余1 599艘、3 072人将按计划于2021年年底前完成退捕。

二是渔民安置保障稳步推进。农业农村部会同财政部、人力资源和社会保障部出台系列指导性文件，加大统筹指导力度，截至12月4日，中央财政原计划安排的92亿元补助资金全部拨付到位，各地落实资金114.6亿元。截至12月11日，通过发展产业、务工就业、扶持创业和公益岗位安置等措施，各地累计落实社会保障21.8万人，帮助16.5万人实现转产就业，其中，重点水域落实社会保障17.2万人，占应纳入社保人数的99.9%，落实转产就业12.9万人，占需转产就业人数的99.1%。同时，积极帮助渔民解决上学、看病、住房等实际困难，确保上岸有出路、就业有门路、生活有保障。

三是打击非法捕捞形成震慑。农业农村部会同公安部、市场监管总局和交通运输部等相关部门开展两个专项整治行动，加强日常执法监管，清理涉渔“三无”船舶，破获一批违法案件，通报一批典型案例，形成持续严打高压态势。6月底以来，沿江执法机构累计查处非法捕捞案件7 160起，清理、取缔“三无”船舶3.2万艘，查获涉案人员7 999人，有力遏制了非法捕捞多发态势。目前，各地正在组织开展“四清四无”（清江、清湖、清船、清网，无捕捞船舶、无捕捞网具、无捕捞渔民、无捕捞生产）大排查，从明天起，部际协调机制还将组织禁捕退捕工作大督查和“四清四无”情况水上大排查，确保各项目标任务按期高质量完成。下一步，农业农村部将继续会同有关部门和各级地方党委、政府，加强渔民安置保障，做好就业跟踪帮扶，健全长效管理机制，严厉打击非法捕捞，持续加强生物多样性保护，发扬“钉钉子精神”，持续深入打好长江“十年禁渔”持久战，确保禁捕取得扎实成效，推动早日重现水清岸绿、鱼翔浅底、人与自然和谐共生的生态美景。另外，我在这里预告一个消息。经过国务院领导同意，岁末年初之际，农业农村部还将会同、协调机制有关部门举行长江“十年禁渔”同步全面启动活动，在沿江各省份设立分会场，敬请媒体朋友和社会公众予以关注。谢谢大家。

刘均勇：

谢谢马毅主任的介绍，下面请记者朋友围绕今天发布会的主题进行提问，提问的时候请先通报一下所代表的新闻机构。

新华社记者：

现在渔民退捕已经基本完成了，长江禁捕一共会持续10年时间，打击非法捕捞是一项非常重要的工作，请问接下来我们会采取什么样的措施来巩固这种管理秩序？谢谢。

马毅：

长江禁渔涉及面广，总共涉及14个省份，持续时间长，监管任务重，管好抓实不是一个部门，也不是一个地方能够独立完成的，需要政府牵头、部门协同、标本兼治、水陆共治。在这个方面，我们已经明确了具体的工作思路。一方面是立足当前、急在治标，为治本争取时间。我们继续会同公安、市场监管等部门紧盯捕捞、运输、销售等环节，深入开展专项整治，重点打击有组织、链条化、成团伙的非法捕捞犯罪行为，依法从严惩治幕后的组织者、获利者和保护伞。同时，设立中国渔政24小时应急值守和举报监督平台，规范渔政执法行为，强化禁捕执法监督，完善跨区域、跨部门的执法合作机制，持续组织开展联合执法、交叉检查和专项行动等活动，严厉打击各类非法捕捞行为，确保“禁渔令”落实落细、落地有声。另一方面是着眼长远、重在治本，持续巩固禁渔效果。加快提升渔政执法能力，紧急配置一批执法船艇、无人机、雷达视频监控等现代装备，同时健全网格化长效管理机制，吸收符合条件的退捕渔民组建协助巡护队伍，发挥镇、村基层组织的协助作用，对禁捕水域和周边区域进行全覆盖管理，构建专管群管结合、人防技防并重的执法监管新格局。建立健全水产品采购、销售、加工、合法来源凭证制度，严格禁止以“长江野生鱼”为噱头的宣传营销活动，着力构建“水上不捕、市场不卖、餐馆不做、群众不吃”的良好氛围。谢谢。

中央广播电视总台央视记者：

长江“十年禁渔”关系到23万渔民的生计，全社会高度关注，从刚才介绍的情况来看，退捕渔民的转产就业和社会保障任务基本完成，请介绍一下都采取了哪些转产措施？谢谢。

张显良：

谢谢这位记者的提问。长江退捕渔民年龄普遍较大，学历低、就业技能单一，退捕上岸后如何解决生计问题，党和政府始终高度关注。农业农村部会同财政部、人力资源和社会保障部等部门研究出台了一系列政策措施，沿江省、市、县积极做好政策落实工作。

一是加大就业帮扶力度。统筹实施技能培训、职业介绍、信贷支持、产业扶持等措施，聚焦就业不稳定渔民、“零就业”家庭等重点帮扶对象，加大退捕渔民跟踪帮扶力度，挖掘农、渔业内部转产潜力，支持现代农、渔业项目，着力拓展就近就业渠道。用好公益性岗位，兜底安置就业困难的退捕渔民，努力让“零就业”家庭实现动态清零。

二是提高安置保障水平。做好养老保险经办服务，全面落实退捕渔民养老保险相关政策，将符合条件的困难渔民家庭按规定纳入最低生活保障、特困人员救助供养等政策范围，切实兜牢保障底线。

三是实施动态跟踪帮扶。积极帮助退捕渔民解决生活难题，对确有困难、需要帮助的退捕渔民再扶一把、送一程。

目前，尽管总体进展良好，下一步我们仍将积极查缺补漏，继续加强兜底帮扶和社会救助，推动享受相关政策，坚决防止退捕渔民变成贫困人口，确保退得出、稳得住、能致富。谢谢。

经济日报社记者：

为支持开展长江禁捕退捕工作，中央财政在财政保障方面主要做了哪些工作？谢谢。

姜大峪：

谢谢您的提问。2018年长江禁捕退捕工作启动以来，按照党中央、国务院决策部署，财政部认真抓好贯彻落实，切实加强财政投入保障，积极支持长江禁捕退捕工作开展。特别是6月28日，国务院召开长江流域重点水域禁捕和退捕渔民安置保障工作推进电视电话会议后，财政部及时研究出台有力政策措施，进一步强化长江禁捕退捕财政保障力度。

一是强化中央财政补助资金投入。在2018—2020年已下达87亿元的基础上，2020年8月，中央财政又提前下达原计划2021年安排的5亿元过渡期补助资金，至此，中央财政计划分4年安排的补助资金92亿元已提前1年全部下达。近日，经国务院同意，为更好支持地方加快推进长江禁捕退捕工作，中央财政又一次性新增安排38亿元补助资金，综合考虑退捕渔民数量、地方财政保障和困难情况、工作绩效评价、执法能力建设、国家级贫困县数量等方面，支持地方按规定统筹用于禁捕退捕相关工作，比如，专门安排8亿元用于支持地方执法能力建设，同时还对资金保障和工作绩效较好的省份予以倾斜。

二是研究出台有针对性的财政支持政策。2020年7月，财政部专门印发通知，重点赋予地方在相关资金统筹使用上更多的自主权，指导地方统筹用好渔业油补、资源养护等相关资金，支持地方加强资金筹措力度，为推动长江禁捕退捕各项任务目标如期完成提供有力支撑。

三是督促指导地方落实主体责任。2020年8月，财政部印发加快建立有效机制，全力抓好长江禁捕退捕财政保障工作的通知，重点通过建立双周报送制度等措施，及时掌握、了解地方长江禁捕退捕政策落实和资金安排使用情况，督促指导地方全力抓好财政保障工作。在前期工作基础上，11月4日，财政部会同农业农村部、人力资源和社会保障部专门召开视频调度会，调度沿江10省市长江禁捕退捕资金安排使用情况，并对加强财政保障工作再次进行安排部署，提出明确要求。据调度，截至12月4日，中央、地方各级财政已安排资金206.63亿元，实际支出资金148.53亿元。此外，为及时发现和解决长江禁捕退捕有关政策和资金落实过程中存在的问题和面临的困难，2020年6—7月，财政部专门组织有关监管局对沿江10省市长江禁捕退捕相关工作开展调研、核查和专项检查，研究提出了有针对性的意见建议，推动长江禁捕退捕有序平稳开展。下一步，财政部将深入贯彻习近平总书记重要指示批示精神，继续积极配合有关部门做好长江禁捕退捕相关工作，同时督促、指导沿江10省市各级财政部门落实资金保障责任，加快资金支出进度，决不能因资金安排不到位或拨付不及时，影响长江禁捕退捕工作目标任务的如期完成。

工人日报社记者：

刚才提到了“三无”船只的问题，今年6月底以来，累计查处非法捕捞7 000多起，取缔“三无”船舶3.2万艘。请问，在目前情况下，“三无”船舶是怎么定义的？半年时间不到，查处了这么多，后面还有多少存量？怎么处理这些存量？谢谢。

马毅：

没有船名船号、没有船籍港、没有船舶证书的船，我们统称为“三无”船舶。“三无”船舶，一般来历不明、用途不明，体积比较小，管控难度很大，经常违法航行、随意停靠，是违法捕捞的一个重大隐患，同时也是水上安全的重大隐患。一直以来，“三无”船舶都是沿江有关部门、地方渔政重点治理或打击的对象。目前，长江合法渔船都上岸了，让非法的“三无”船舶还在水里搞非法捕捞，既是对合法退捕渔民的一种伤害，也是对经济秩序的极大危害。所以，农业农村部履行牵头抓总职责，组织各地集中开展涉渔“三无”船舶大排查，已经累计处理3万多艘“三无”船舶。下一步，我们将会同公安、交通等部门，进一步加大对涉渔“三无”船舶的处置力度，总的思路是“规范管理一批、清理取缔一批”，对符合法定条件、确有保留必要的，我们将指导各地按规定纳入登记管理范围，实行统一登记、统一标识，限定用途、限定航区；对不符合法定条件、没有保留必要的，督促有关地方限期清理取缔和进行回收处置。接下来，各级渔政、海事、公安等执法部门还将紧盯“三无”船舶，发现一条，打击、取缔一条，切实消除非法捕捞隐患。从明天开始，我们的工作专班将在各省市水上“四清四无”自查的基础上，组织“一江两湖七河”重点水域大排查，再清理一次。当然，这个工作是长期的、复杂的，我们会持续保持高压态势。谢谢。

中国农业电影电视中心中国三农发布记者：

最近一段时间，我们发现长江的南京段、武汉段频频出现被称为“水中大熊猫”的长江江豚，引来无数群众围观，有的网友说“国宝江豚又回来了”。我的问题是目前中华鲟、长江江豚等珍稀濒危物种的保护情况如何？谢谢。

张显良：

这个问题提得非常好。我们都知道，长江流域分布有4 300多种水生生物，曾经是白鱀豚、长江江豚、白鲟、中华鲟、长江鲟等众多国家重点保护野生动物的栖息乐园。前些年，长江水域生态功能不断退化，白鱀豚、白鲟已经功能性灭绝，中华鲟、长江江豚和长江鲟等特有水生生物濒临灭绝，保护形势十分严峻。为拯救这些珍稀濒危水生生物，我们坚持以习近平生态文明思想为指引，贯彻落实“共抓大保护、不搞大开发”的战略部署，在抓紧、抓实长江禁捕等工作的同时，先后发布实施中华鲟、长江江豚、长江鲟等拯救行动计划，组建保护联盟，开展自然栖息地修复、人工迁地繁育、遗传基因保种、生态调度、增殖放流等系列保护措施，给水生生物留出喘息之机，让长江得以休养生息。水生生物长期生活在水里，长江水域生态有没有恢复，水生生物最有发言权。就是你刚才所说的，最近在南京、武汉两个通江湖泊，有媒体报道“微笑天使”长江江豚群体出现的频率显著增加，我们对此感到很欣慰，这说明保护工作有了初步效果。在这里需要强调的是，保护长江水生生物、修复长江水域生态环境，是一项涉及面广、系统性强的重大工程，必须多地多部门联合发力、久久为功，方能取得最终胜利。

下一步，我们将围绕长江的流域性、系统性特点，进一步加大统筹协调力度，健全跨地区、跨部门的长效保护机制，编制实施《长江生物多样性保护工程建设方案》，持续抓好以长江“十年禁渔”为重点的水生生物保护行动，努力贯彻“共抓大保护、不搞大开发”的战略部署，推动长江经济带高质量发展。谢谢。

每日经济新闻社记者：

前一段时间，农业农村部在长江口专门组织联合执法行动，请问为什么在长江口开展这样一个专项行动？下一步还有哪些工作？谢谢。

马毅：

长江口地处上海、江苏、浙江“两省一市”交界水域，是长江水生生物江海洄游的唯一通道，水生生物多样性丰富，生态地位特殊。东经122°线一直是长江与海洋渔业管理的分界线。2020年长江口上海段提前禁捕以来，受经济利益的驱使，东经122°线外侧海域捕捞强度明显加大，非法捕捞多发，严重破坏了长江口水域生态环境，阻碍中华鲟、刀鲚等洄游性鱼类的江海洄游通道，直接影响长江“十年禁渔”和水生生物资源养护恢复效果。党中央、国务院对此高度重视，农业农村部会同有关部门和“两省一市”进行了深入研究、反复论证，制定了长江口禁捕范围扩延安排和专门实施方案。经国务院同意，我们已经发布通告，将长江口禁捕范围向东海域扩延至东经122°15′，并专门设立了长江口禁捕管理区，从2021年1月1日起，实行与长江流域重点水域相同的禁捕管理措施。农业农村部会同相关部门和上海、江苏、浙江“两省一市”人民政府，建立了长江口禁捕管理工作协调机制，开展联合执法行动，目的就是统筹、加强江海捕捞管理，清理、整治非法捕捞行为，更好地养护长江水生生物资源、保护长江水域生态环境。下一步，我们将继续统筹各部门水上、陆上执法力量，采取分片包干、集中整治、联勤联动的方式，压实地方主体责任，加大执法监管力度，确保长江口禁捕管理常态化、长效化，切实畅通长江水生生物江海洄游通道，助力长江“十年禁渔”和水生生物保护工作取得扎实成效。谢谢。

刘均勇：

感谢各位媒体的大力支持，也谢谢马毅主任、张显良局长和姜大峪副司长出席今天的发布会，发布会到此结束。谢谢。

17. 当前及元旦春节期间我国粮食和主要农产品市场形势、生产形势新闻发布会

一、基本情况

当前及元旦春节期间我国粮食和主要农产品市场形势、生产形势新闻发布会

时间	2020年12月24日（星期四）上午10时	
地点	农业农村部新闻发布厅	
主题	当前及元旦春节期间我国粮食和主要农产品市场形势、生产形势	
发布人	农业农村部市场与信息化司司长	唐　珂
	农业农村部种植业管理司一级巡视员	陈友权
主持人	农业农村部办公厅副主任	刘均勇

二、现场实录

刘均勇：

女士们、先生们，朋友们，大家上午好！欢迎大家出席农业农村部新闻办公室举行的新闻发布会，今天发布会的主题是当前及元旦春节期间我国粮食和主要农产品市场形势、生产形势，我们邀请到农业农村部市场与信息化司司长唐珂先生，种植业管理司一级巡视员陈友权先生，他们将为我们介绍有关情况并回答记者的提问。下面首先请唐珂司长通报有关情况。

唐珂：

女士们、先生们、媒体朋友们，大家上午好！岁末年初，“米袋子”“菜篮子”市场运行备受社会关注。农业农村部会同有关方面，持续加强粮食等主要农产品价格监测和市场供求跟踪分析，下面向大家简要介绍一下当前和元旦春节期间市场形势。

从当前情况看，我国粮食和主要农产品供给总量充足、市场运行基本正常。其中，粮食价格在连续多年低迷后恢复性上涨，玉米价格前期涨幅较大，近期，随着上市量增加，价格有所企稳，稻谷、小麦价格小幅上涨后保持稳定；生猪产能持续恢复，猪肉价格连续3个月下跌，近期，受需求拉动小幅反弹，禽肉禽蛋价格低位运行；蔬菜、水果价格出现季节性波动，基本符合常年规律，葱、姜等个别小宗品种涨幅较大，但蔬菜供给总体是有保障的。据农业农村部监测，11月份，“全国‘菜篮子’产品批发价格200指数”为120.08（2015年为100），比上月降2.50个点，同比略高0.37个点。

从后期走势看，2020年我国粮食生产再获丰收，稻谷、小麦库存保持历史高位，生猪产能恢复势头良好，畜禽及果蔬生产稳定，2021年国内农产品市场有望继续保持稳定，特别是元旦春节期间，“米袋子”“菜篮子”重点品种供给总量充足、品种丰富，城乡居民碗里不会缺粮缺油，也不会缺肉少菜。在节日消费拉动和生产流通成本增加的支撑下，预计农产品总体价格将呈季节性波动上涨走势，但大幅上涨可能性不大，需要持续关注后期低温雨雪天气、疫情对农产品正常产销的影响。

从国际情况看，前几年，全球粮食价格持续弱势运行，2020年，受新冠肺炎疫情集中暴发影响，以及部分国家因天气、虫害等问题导致粮食减产，国际粮价总体波动上涨，11月份，联合国粮农组织食品价格指数已连续上涨6个月，达到2014年12月以来的最高水平。但据联合国粮农组织预测，2020/2021年度，全球粮食供需总体上还是宽裕的（全球谷物产量27.6亿吨，消费量27.4亿吨，均增长2%左右），并不能支撑粮食价格长期大涨，考虑到疫情、灾情发展还不明朗，短期内国际市场仍可能出现较大波动。需要说明的是，我国始终坚持“谷物基本自给、口粮绝对安全”战略，从国际市场上进口大米、小麦、玉米三大主粮的数量不大，主要用于品种和年度间余缺调剂，国内市场与国际市场的相互影响有限。近年来，我国进口量最大的农产品是大豆，据海关数据，2020年1—11月，累计进口大豆9 280万吨，同比增加17.5%，既有效保障了国内蛋白饲料和食用植物油需求，也为国际主要大豆出口国提供了最为广阔的市场空间。

下一步，农业农村部将按照党中央、国务院决策部署，毫不放松抓好粮食和生猪生产，与有关部门一起，做好农产品市场调控，落实好“米袋子”省长负责制和“菜篮子”市长负责制，切实保障好城乡居民粮食等主要农产品供给，为“十四五”开好局、起好步，为开启全面建设社会主义现代化国家新征程提供有力支撑。下面，我和我的同事愿意回答大家的提问。

刘均勇：

感谢唐司长的介绍，下面请记者围绕今天发布会的主题进行提问，提问的时候请先通报一下所代表的新闻机构。

中央广播电视总台央视记者：

马上就要进入元旦、春节这样的传统消费旺季，请问当前我国“米袋子”市场具体供应形势如何？后期价格能否保持基本稳定？谢谢。

唐珂：

“米袋子”稳不稳，主要看稻谷、小麦两个口粮品种的生产供给足不足。

由于稻谷、小麦连续多年丰产、库存充裕，近年来，我国粮价持续低位运行，2020年受疫情、灾情及资本炒作等影响，部分品种价格呈阶段性恢复上涨走势，但总体仍然保持基本稳定。分品种来看，稻米的价格“籼强粳弱”。随着秋粮丰收上市，稻谷粮源供给充足，南方的籼稻、籼米价格稳中偏强，北方的粳稻、粳米相对偏弱。11月份，晚籼稻收购均价是1.35元，环比涨1.5%；粳稻是1.39元，环比跌0.7%；晚籼米批发均价每斤2.10元，环比持平；粳米每斤2.10元，环比跌0.5%，这是稻米的价格。小麦的价格小幅上涨后企稳。2020年夏收小麦上市后，价格在玉米价格上涨带动下有所上涨，近期，随着竞拍政策性粮源到货，市场供给充裕，普通麦价格保持稳定，优质麦有所走强。11月份，郑州粮食批发市场普通麦每斤1.23元，环比持平；优质麦每斤1.46元，环比涨4.5%。2020年我国小麦、稻谷产量均稳中有增，库存依然处于历史高位，预计后期口粮总体价格将继续以稳为主。谢谢。

封面新闻记者：

每年元旦、春节，老百姓的“菜篮子”都备受关注，请问今年蔬菜的供应情况如何？到元旦、春节，老百姓能不能买到新鲜的蔬菜？谢谢。

唐珂：

谢谢你。“菜篮子”与民生息息相关，2020年秋冬季以来，随着猪肉市场供给持续改善，价格连续3个月回落，蔬菜生产保持稳定，价格季节性回落，“菜篮子”产品供给形势总体上是好于2019年同期的，价格也呈稳中有跌的走势。据国家统计局统计，11月份，CPI（Consumer Price Index，消费者物价指数）环比下降0.6%，主要是由肉、蛋、菜等食品价格下跌带动的。

从元旦春节形势看，主要“菜篮子”品种产能和供给是有保障的，如果不发生大范围低温雨雪灾害天气，预计价格大幅波动上涨的可能性不大。分品种来看，猪肉价格小幅上涨后有望趋稳。11月份，能繁母猪存栏同比已连续6个月增长，生猪存栏同比已连续5个月增长，预计元旦春节期间，猪肉供应量比上年同期明显增加，猪肉价格在春节前受需求拉动，可能小幅震荡上升，春节后企稳回落。家禽存栏产能处于历年较高的水平，禽肉、禽蛋市场供给有保障，价格不会出现明显上涨，仍然低于2019年同期水平。肉牛、肉羊三季度末存栏环比均有所增加，年末出栏也将持续增加，但进口受疫情影响，不确定性较大，受元旦、春节消费旺季影响，牛羊肉价格呈稳中有涨走势。水产养殖产品上市加快，预计水产品价格稳中偏弱。2020年蔬菜种植户生产积极性高，冬春蔬菜整体供给能力稳中有升，菜价将按常年规律运行。水果总体丰产，市场供给充足，价格受需求拉动，将继续季节性小幅上涨。下一步，农业农村部将采取针对性措施，做好节日期间重要农产品生产供应工作，防止因突发疫情或灾难性天气导致的产销衔接不畅问题，切实保障城乡居民"菜篮子"产品需求。谢谢。

人民日报社记者：

刚才唐司长提到2020年三大主粮中玉米市场价格涨幅较大，请问主要原因是什么？当前的形势怎么样？后期是否还会继续上涨？谢谢。

唐珂：

谢谢你。玉米是2020年社会关注度最高的粮食品种，也是三大主粮中产业链最长、用途最广的一个品种。粮食价格上涨主要是受玉米价格上涨带动的，我们对此进行了持续的跟踪分析，情况是这样的。2020年春节后，玉米价格开始恢复性上涨，5月底，国家临储玉米竞价销售高成交、高溢价，玉米价格继续攀升，9月份，新粮上市后小幅回落，之后再次上涨。11月份，玉米产区批发均价每斤1.2元，环比涨3.4%，同比涨29.7%，比年初涨了31.8%。目前价格水平虽然创6年来新高，但仍低于2014年9月份的历史最高价。推动2020年玉米价格持续上涨的因素有这么几个：一是生猪产能持续恢复，下游玉米饲料加工需求向好，玉米消费明显增加；二是玉米当年产需存在缺口，市场看涨预期增强，资本炒作和贸易商囤粮加剧；三是东北部分地区玉米因台风倒伏，收获成本每斤增加了近2毛钱，台风对玉米产量影响不大，主要是增加了收获成本，因此农民都希望卖个好价钱。11月中下旬以来，随着玉米上市量增加，价格有所松动，呈逐步企稳趋势。目前东北地区玉米标准干粮收购价每斤1.13～1.19元，华北玉米收购价每斤1.25～1.30元，同比均高3毛钱左右，比前期略有回落。据国家粮食和物资储备局监测，截至11月30日，黑龙江、山东等11个主产区累计收购玉米3 446万吨。从收购进度可以看出，当前玉米市场购销两旺，只要市场价格合适，农民售粮进度就会加快，市场粮源不会紧张。希望广大农民朋友把握好售粮时机，争取卖个好价钱，贸易商和加工企业也不宜过度惜售囤粮。2020年仍是玉米丰收年，价格适当上涨后，农民种粮收益增加，预计2021年发展玉米生产的积极性也将有所提高，立足国内，保障玉米基本自给，是有坚实基础的，玉米价格持续大幅上涨的可能性不大。

中央广播电视总台央广记者：

今年，大家对粮食安全问题有所关心，请问今年粮食生产供应形势怎么样？有什么特点？农业农村部对2021年的粮食生产有什么考虑和安排？谢谢。

唐珂：

这个问题请陈友权同志回答。

陈友权：

谢谢你的关注。2020年粮食生产形势比较好，全年粮食面积达17.52亿亩，比上年增加1 056万亩，扭转了连续4年下滑的势头，总产量达13 390

亿斤，比上年增加113亿斤，连续6年保持在13 000亿斤以上。三季粮食季季增产，夏粮、早稻、秋粮分别增产24.2亿斤、20.6亿斤、67.6亿斤。四大作物“三增一平”。稻谷、小麦、大豆分别增产45亿斤、13亿斤和30亿斤，玉米产量持平略减，但仍处于历史较高水平。粮食连年丰收，2020年又高位增产，供需总量基本平衡。全国粮食人均占有量达480公斤左右，高于400公斤的国际粮食安全标准线。稻谷、小麦两大口粮产需平衡有余，库存充裕，尽管玉米产量持平略减，加上各方面的库存，供需也基本平衡。所以“口粮绝对安全，谷物基本自给”有保障。2021年是建党100周年、“十四五”开局之年，夺取粮食丰收具有特殊重要意义。农业农村部将坚决贯彻党中央、国务院的决策部署，把抓好粮食生产作为重大政治任务摆在首要位置，工作再加力、手段再加强、措施再抓实，确保粮食种植面积稳定在17.5亿亩以上，同时优化种植结构，增加偏紧的农产品供给，着力提高单产，确保粮食总产量保持在13 000亿斤以上，把中国人的饭碗牢牢地端在自己的手中。谢谢。

农民日报社记者：

今年蔬菜供给总体充足，价格正常波动，但葱、姜两个小宗品种价格涨幅较大，请问主要原因是什么？后期走势如何？谢谢。

唐珂：

谢谢你。确实像你说的那样，2020年下半年以来，葱姜价格快速上涨，引发了社会关注，我们对此也进行了跟踪分析。据农业农村部监测，11月份，生姜的批发均价是每公斤14.08元，连续5个月环比上涨，达到6年来的最高水平，同比高75%。近期，随着新姜上市量增加，价格开始下跌。12月份第3周，为每公斤12.26元，连续8周小幅回落。11月份，大葱批发均价是每公斤4.56元，连续7个月上涨，达到4年来的最高水平，同比高99%。近期仍然保持上涨走势，12月第3周，为每公斤7.14元。这轮葱姜价格上涨幅度较大，主要是因为前些年种植效益差导致面积下降，再叠加不利天气影响，生产供应阶段性减少，总体上是市场供求规律发生作用的结果。

从后期走势看，新季生姜面积、产量增加，预计价格将稳中有落，大葱在田面积与常年基本持平，春节前，葱姜将持续高位运行。葱姜作为调味品蔬菜，在蔬菜产销总量中占比较小，价格波动不会改变我国蔬菜整体供给充足的大局，但葱姜消费存在一定刚性，是不少老百姓在节假日烹饪传统美食时的必需品，而且由于这些品种产区集中、耐储性强，容易引发资金投机炒作，加剧价格的周期性波动。农业农村部将持续加强葱姜蒜等小宗农产品市场监测预警和信息发布，有效引导产销，促进市场平稳运行。谢谢你。

中国经济信息社记者：

近年来，我国居民对肉、蛋、奶的需求增加，近期，随着生猪产能恢复，对饲料粮的需求也持续增加，大豆依赖进口，价格也因此波动，请问农业农村部对饲料粮的保供给有何措施？谢谢。

唐珂：

大豆近期价格确实有所上涨，大豆市场形势主要从进口大豆和国产大豆两个方面看。进口大豆主要用于榨油，满足食用植物油和豆粕饲料的需求。榨油之后的豆粕主要用作饲料，满足动物摄入蛋白质的需要。2020年1—11月，我国累计进口大豆9 280万吨，全年很可能突破1亿吨，豆油、豆粕供给是有保障的。下半年以来，由于美国大豆主产区遭遇不利天气，产量及库存预期下调，南美大豆产区仍偏干旱，播种受到一定影响，国际大豆价格持续上涨，带动我国进口大豆成本上升。11月份，山东地区进口大豆到岸税后价每斤1.91元，连续6个月环比上涨，同比高17%。当前全球大豆产需平衡略偏紧，后期价格主要看南美主产区天气，预计仍将高位运行。国产大豆以食用为主，市场运行相对独立。据国家统计局数据，2020年我国大豆产量392亿斤，比上年增加30亿斤，增长8.3%，继续恢复性增长。受食用需求拉动，2020年以来，贸易商和加工企业入市收购积极性高，国产大豆价格持续向好。进口大豆榨油后所得的豆粕主要用作饲料。饲料缺口还可以通过调剂国际、国内两个市场资源来解决，包括玉米及大麦、高粱、酒糟粕等玉米替代品进口，应该说，多措并举是能解决我们饲料粮供给问题的。谢谢你。

中国农村杂志社记者：

据了解，2019年，国家开展了首次“菜篮子”市长负责制考核，取得了积极成效。明年将开展第二次考核，请您介绍一下第二次考核的有关工作。

唐珂：

好的，谢谢你。“菜篮子”产品供给一直是政府关心、社会关注的民生大事，根据国务院办公厅印发的《“菜篮子”市长负责制考核办法》，2019年，农业农村部牵头，会同发展改革委、财政部等10家“菜篮子”食品管理部际联席会议成员单位对直辖市、计划单列市和省会城市36个开展了首次“菜篮子”市长负责制考核。总的来看，36个城市“菜篮子”产品供给有保障，市场流通体系不断完善，质量安全水平稳步提升，调控措施健全有效，市民满意度较高，市长负责制落实较好。特别是2020年新冠肺炎疫情防控期间，36个大中城市“菜篮子”产品供给保障较好，市场运行平稳。为进一步发挥“菜篮子”市长负责制考核在保障城市供应、稳定市场价格、提高居民生活质量等方面的重要作用，结合首次考核发现的问题和2021年将开展的考核，农业农村部重点做了3项工作。一是要求36个大中城市针对首次考核发现的问题开展整改工作，对突出问题进行改进、提升。二是通过电话调查、网络调查、实地调查等方式，对新冠肺炎疫情防控常态化期间“菜篮子”保供稳价情况，开展“菜篮子”市民满意度第三方调查，第三方调查是随机开展、相对客观的，样本量超过3.3万个，市民对疫情期间“菜篮子”总体情况满意度较高。三是按照“整体稳定、个别调整、突出重点、引导工作”原则，对《“菜篮子”市长负责制考核办法实施细则》进行修订，进一步突出了猪肉产量、水产品产量、冷链物流、品牌培育以及质量安全等内容。对考核的指标做了相应的调整，突出了猪肉产量、水产品产量、冷链物流以及质量安全等内容。

下一步，我们将会同“菜篮子”食品管理部际联席会议其他成员单位，组织开展第二次“菜篮子”市长负责制考核，以考促建，以评促用，发挥好“菜篮子”市长负责制指挥棒作用，我们对36个大中城市两年一考，包括刚才说的直辖市、计划单列市和省会城市，对这36个大中城市的“菜篮子”保供情况做全面的衡量和评估，督促好36个大中城市切实加强“菜篮子”工程建设，发挥好保供、稳价和促民生的作用。谢谢各位。

刘均勇：

今天的发布会到此结束，感谢各位记者的大力支持，也感谢唐珂司长和陈友权巡视员的出席。

图书在版编目（CIP）数据

聚光灯下话三农：农业农村部新闻发布会实录．2020 / 农业农村部新闻办公室编．—北京：中国农业出版社，2021.9

ISBN 978-7-109-28242-1

Ⅰ．①聚… Ⅱ．①农… Ⅲ．①三农问题－新闻公报－中国 Ⅳ．①F32

中国版本图书馆CIP数据核字(2021)第087381号

中国农业出版社出版

地址：北京市朝阳区麦子店街18号楼

邮编：100125

责任编辑：刁乾超 李昕昱　　文字编辑：孙蕴琪

版式设计：王 怡　　责任校对：吴丽婷　　责任印制：王 宏

印刷：中农印务有限公司

版次：2021年9月第1版

印次：2021年9月北京第1次印刷

发行：新华书店北京发行所

开本：700mm × 1000mm　1/16

印张：14

字数：220千字

定价：58.00元
